MUNUD I FEDDWL

Munud i Feddwl

*Myfyrdodau
Cen Llwyd*

Gwasg Carreg Gwalch

Argraffiad cyntaf: 2018
Hawlfraint Cen Llwyd/Gwasg Carreg Gwalch

Rhif Llyfr Safonol Rhyngwladol:
978-1-84527-671-3

Cyhoeddwyd gyda chymorth Cyngor Llyfrau Cymru

Dylunio'r clawr: Eleri Owen
Llun clawr: Gwenllian Llwyd

Cyhoeddwyd gan Wasg Carreg Gwalch,
12 Iard yr Orsaf, Llanrwst, Dyffryn Conwy, Cymru LL26 0EH.
Ffôn: 01492 642031
lle ar y we: www.carreg-gwalch.cymru

Argraffwyd a chyhoeddwyd yng Nghymru

Cyflwynedig i
Enfys, Heledd a Gwenllian

Darlledwyd y darnau hyn yn wreiddiol fel eitemau
'Munud i Feddwl' ar Radio Cymru 1992-2018.

Cynnwys

Ionawr
Ochr anghywir 12
Teimlo'n grac 14
Tywydd diflas 16

Chwefror
Cerddorfa 18
Parti syrpreis 20
Nawr 22
Y Grawys 24
Cofio Elfed 26
Tynged yr Iaith 28

Mawrth
Gŵyl Ddewi 30
Dadmer 32
Sylwi 34
Maddau 36
Rasio 38
Gwirfoddolwyr 40
Lluniau 42
Priodas 43
Dydd Gŵyl Padrig 44
Adeiladu pontydd 46
Sudoku 48
Haint 50
Canu 52
Nofio 54
Idwal Jones 55
Cydwybod 56
Wedi Sul y Mamau 58

Wyau Pasg 60
Tician y cloc 62
Diwedd Mawrth 64

Ebrill

Duw hwyl a hiwmor 66
Y Pasg 68
Dal pêl 70
Bwystfilod 72
Bore oer 74
Adeiladu a chwalu 76
Dwyn hunaniaeth 78
Tymor wynau 80
Dos o annwyd 82
Person prysur 84
Saib 86
Wrth y stof 88

Mai

Cymydog 90
Shwt fath o bobl 92
Wedi Gŵyl Banc 94
Dillad 96
'Na' wrth blentyn 98
Pentref dychmygol 100
Cywiro drwy gyfrifiadur 102
Ail-doi 104
Banc Siôn Cwilt 106
Torri coed 108
Rhagolygon y tywydd 110
Tywydd teg 112
Esgidiau 114
Colli 116
Geiriau 118

Mehefin

Nam ar y ffôn   120
Tu fas pethau   122
Syched y blodau   124

Gorffennaf

Annibyniaeth America   126
Carreg ateb   128
Darlith y Cnapan   130
Cymeriadau   132
Ailgylchu   134
'Home Start'   136
Llun y pregethwr   138
Codi'n hwyr   140
Cerrig y môr   142
Priodas   144

Medi

Darn newydd o hewl   146
Blwyddyn ysgol newydd   148
Dal gafael   150
NATO   152
Bywyd bach newydd   154
Mas o'r meddwl   156
I'r Ysgol Uwchradd   158
Parch   160
Ffair arfau   162
Amddiffyn   164
Gwirfoddoli   166
Arweinydd da   168
Diolch   170
Paentio   172
Du a gwyn   174
Gwrando   176

Parti 100 oed 178
Cerbydau 180
Geiriau bach 181
Sut hwyliau? 182
Arferion 184

Hydref
Cerdded 185
Adnabod wrth rif 186
Aberfan 188
Gwendid wrth edrych tuag yn ôl a
  sefyllian yno 190
Wythnos Un Byd 192
Pwdu 194

Tachwedd
Ffair 196
Cwdyn fale 198
Tân gwyllt 200
Cyd-dynnu 202
Dychymyg 204
Prawf llygaid 206
Sul y Cofio 208
Chware cwato 210
Golwg newdd 212
Arwain 214
Plant Mewn Angen 216
Pâr o slipers 218
Bwyd 220
Byddwn yn chwilio 222
Tocyn trên 224
Chwarae â thân 226
Y Ffair Aeaf 228
Pris petrol 230

Celfyddyd 232

Torri'r gaeaf 234

Rhagfyr

George M. Ll. Davies 236

Chwarae gemau 238

Dechrau yn yr ysgol 240

Ffair Nadolig 242

Wrth eu ffrwythau cyfoes 244

Drama'r Geni 246

Y dydd byrraf 248

Cipolwg yn ôl 250

Ar ddiwedd blwyddyn 252

Prawf gyrru car 254

Ochr anghywir

Ie yn wir, bore da, ond falle nad yw 'bore da' yn gyfarchiad mor addas â hynny ar lawer aelwyd y bore 'ma. Yn ein hardal ni fel bron bob ardal arall gweddill Cymru mae'r ysgolion yn ailgychwyn wedi gwyliau'r Nadolig. Alla i ddychmygu nawr bod cryn ochneidio, grwgnach ac achwyn wrth geisio cael y plant, neu falle yn fwy priodol, yr athrawon, mas o'r gwely i ddychwelyd i'w diwrnod llawn cyntaf yn yr ysgol. Bydd nifer yn ymddwyn heddiw fel petaent wedi codi yr ochr anghywir o'r gwely.

Mae bod ar yr ochr anghywir yn medru creu lletchwithdod. Llynedd aeth hi yn go ryfedd arnom fel teulu wrth geisio dal trên i Lundain. Yng ngorsaf Pen-y-bont ar Ogwr dyma neidio ar y trên, ond wrth gyrraedd Porth Talbot sylweddoli ein bod yn mynd i'r cyfeiriad cwbl wahanol, wedi methu dal y trên iawn oherwydd i ni fynd i ochr anghywir y platfform. Tro trwstan digon tebyg i lawer wrth deithio mewn cerbyd yw ymuno â thraffordd neu ffordd ddeuol a sylweddoli yn go fuan ein bod yn trafaelu i gyfeiriad sydd yn gyfan gwbl groes i'r lle y'n ni am fynd oherwydd camgymeriad a wnaed wrth ymuno â'r ffordd ar yr ochr anghywir.

Dyna ddwy enghraifft ddigon arwynebol a diniwed o fel mae bod ar yr ochr anghywir yn medru creu trafferthion.

Cofiwch, ar yr ochr anghywir roedd y miloedd diniwed yn America a ddioddefodd erchylltra'r terfysgaeth fis Medi diwethaf. Eto ar yr ochr anghywir mae miloedd o rai diniwed yn Afghanistan sydd wedi dioddef ers hynny. Ym Mhacistan a'r India, yn arbennig yn argyfwng Kashmir, gall rhagor eto o rai diniwed ddioddef a hynny am eu bod ar yr ochr anghywir.

Felly os byddwch heddiw yn teimlo efallai eich bod wedi codi ar yr ochr anghywir o'r gwely, falle o'i roi yn ei gyd-destun nad yw bywyd ddim mor ddrwg â hynny.

7 Ionawr 2002

Teimlo'n grac

Sut hwyliau sydd arnoch chi? Hwyliog a llawen, gobeithio.

Dyma gyngor a welais yn ddiweddar. Os am beidio cynhyrfu'n ormodol ac am aros yn ddigyffro, daliwch y bys hiraf un o'ch dwylo yng nghledr y llaw arall a lapiwch fysedd y llaw honno yn dynn amdano. Fe ddylai hynny, mae'n debyg, ostegu a llonyddu unrhyw storm sydd yn corddi y tu fewn. Oherwydd natur fy ngwaith bydda i'n weddol gyson yn wynebu pobl sydd o bryd i'w gilydd yn eithaf crac. Pan fydd yna berygl bod y tymheredd yn codi fe geisiaf gofio'r cyngor hwnnw i weld a yw e'n gweithio.

Mae'n well cadw hyd braich rhag pobl sydd yn grac. Ar ôl i'r pwl o fod yn grac ddiflannu a'r storm ostegu byddwn ninnau yn teimlo ychydig bach o ffyliaid. Mae'n beth mor negyddol.

Ond wedyn pam y dylid bob amser ddi-ffiwsio ein hunain rhag gwylltio a bod yn grac. Gall bod yn flin ein hysgogi a'n cymell drwy inni ei droi yn rym ac egni a fydd yn symbyliad creadigol ac yn ysgogiad nerthol. Mae ambell i sefyllfa sydd yn haeddu ymateb o fod yn grac – ambell i achlysur lle mae bod yn flin yn ffordd effeithiol i gadarnhau ein gwerthoedd a'n syniadau.

Dangosodd yr Iesu pa mor flin oedd e at y rheiny a fynnodd gadw llythyren y Gyfraith, drwy fod yn dosturiol a thrugarog at y rheiny oedd angen gwellhad ar y Saboth. Meddyliwch wedyn am ei weithred bron yn wallgof, os nad ymddangosai i rai yn orffwyll, wrth iddo lanhau y Deml rhag y rheiny oedd yn ei throi yn ogof lladron.

Trwy golli stêm am rywbeth di-werth, egni di-werth a gollir. Pan fyddwn yn grac neu wedi gwylltio onid yr angen yw ei roi yn ei gyd-destun a thrwy hynny ei sianelu at yr hyn sy'n bositif a chreadigol? Pwy a ŵyr, falle y daw rhyw werth allan ohono wedyn?

14 Ionawr 2002

Tywydd diflas

Ddoe mi roedd hi yn hen sgaprwth o ddiwrnod. Rhedeg bron i bobman wrth osgoi'r cawodydd a'r gwynt di-baid. Fe wnaeth y tywydd sarnu nifer o gynlluniau gwahanol oedd gennym mae'n siŵr. Sawl gwaith ddoe dyma ddweud geiriau fel 'diolch byth am gysgod cartref a lloches ddiddos aelwyd'.

Ers tua pum mlynedd mae crefyddwyr yng ngwledydd Prydain wedi cydweithio ar y Sul olaf yn Ionawr, sef Sul y Digartref, i dystio i'r sgandal sy'n caniatáu i gymaint o bobl fod yn ddigartref. Dyma gyfle i grefyddwyr o bob enwad uno gyda'i gilydd i dynnu sylw at y broblem. Ie, problem wedes i. Falle mai dyna fan cychwyn, achos y'n ni'n aml yn gweld yr anghenus (fel y digartref) nid fel pobl, nac yn sicr fel unigolion, ond fel problem sydd angen ei datrys.

Wrth wthio pobl o'r neilltu ac i'r ymylon, a rhoi label 'problem' arnynt, y'n ni mewn perygl o'u gwahardd o brif ffrwd bywyd. Dyna sy'n digwydd wrth i bobl golli cyfle i gael gwaith, addysg gyflawn, a thriniaethau meddygol. Eu cau allan rhag y cyfle i gymdeithasu a mwynhau manteision diwylliannol yn ogystal â thai a chartrefi. Mae cyflogau isel yn cau drysau i rai pobl, ac i eraill yn achosi diffyg statws economaidd. Mae hyn yn arwain at gymdeithas sy'n gwanhau ac yn gwahanu wrth i grwpiau o bobl gael eu hesgymuno mewn ffordd gyfrwys a sinistr oddi wrth weddill cymdeithas.

Dyna a wna darpariaeth iechyd preifat, addysg breifat a phensiynau preifat yn ogystal â'r lleihad yn narpariaethau'r wladwriaeth les megis tai cymdeithasol – y cyfan yn tanseilio'r syniad o fod yn gyd-gyfrifol. Unwaith y'n ni ond yn darparu ar gyfer yr anghenion mwyaf enbyd yn unig, bydd eraill yn llai parod i gyllido'r ddarpariaeth am nad ydynt yn ei gweld yn berthnasol i'w lles eu hunain. Rhywbeth fydd e' wedyn ar gyfer y 'nhw' bondigrybwyll yn unig, heb fod bellach o unrhyw werth felly i 'ni', sef y gweddill ohonom.

O ddyddiau Proffwydi yr Hen Destament cawn ein hatgoffa na ddylen ni gael gwared â'n cyfrifoldebau i gyd-ddyn. Y'n ni yn rhan o Gymdogaeth, Cymdeithas a Chymuned – boed honno o gwmpas ein traed neu ar lwyfan ein byd, ac felly rhaid cydio yn y cyfleoedd i wella cyflwr ac amodau byw.

Hyd yn oed ar ddiwrnodau gwlyb, diflas, gwyntog rhaid chwilio am ffyrdd i adeiladu'n barhaol o'r hyn sydd wedi ei ddryllio a'i sarnu. Gofyn wnaeth yr Iesu am ymateb fel ein bod yn ymrwymo i sefyll gyda'r rheiny sydd ar yr ymylon, nid eu gwthio ymhellach i ffwrdd.

28 Ionawr 2002

Cerddorfa

Fe alla i gyfrif ag un llaw y nifer o weithiau rwyf wedi bod mewn cyngerdd gan gerddorfa. Fi sydd ar fy ngholled o beidio â mynd yn amlach. Rwy'n cofio'r tro cyntaf yn iawn, dros ugain mlynedd yn ôl; mynd i wrando ar Gerddorfa Ieuenctid y Sir yn perfformio yn y Neuadd Fawr yn Aberystwyth. Gan 'mod i wedi clywed ymlaen llaw y byddai'r lle yn weddol lawn dyma gyrraedd ymhell cyn yr amser cychwyn. Ishte lan ar y galeri i edrych lawr ar y llwyfan.

Yna chwarter awr cyn yr amser cychwyn dyma'r ieuenctid oedd yn aelodau o'r gerddorfa yn cyrraedd y llwyfan. Pawb i'w le a dyma ddechrau tiwnio'u hofferynnau a phawb yn ei ffordd fach ei hunan yn chwarae darn bychan gwahanol. Sôn am sŵn echrydus! Pob ffliwt a chlarinét, gyda'r holl bwffian a'r anadlu, fel petaent yn mynd i gael ei chwythu allan yn gyfan gwbl o Adran y Chwythbrennau. Sgrechfeydd gwichlyd y ffidlau yn yr Adran Linynnau fel petaent yn ceisio cystadlu gydag wbain cras y corn a'r tiwba o'r Adran Bres. Roedd y cyfan mor echrydus o amhersain ac yn ddigon i wneud i mi wingo. Doedd dim siâp ar bethau a meddyliais fod noson aflafar, arw ac anghysurus o amhersain o 'mlaen.

Eiliad neu ddwy cyn yr amser cychwyn dyma'r arweinydd yn cerdded i'r llwyfan. Cododd y baton ac yn sydyn dyma gytgord swynol o gyfeiriad pob un o'r offerynnau gwahanol. Funud neu ddwy ynghynt pwy feddyliai, o glywed y fath ocheneidiau, ei bod yn bosibl creu cerddoriaeth mor bersain. Trodd y cyfan yn brofiad gogoneddus; yn gyngerdd o harmoni, dim ond o gael arweinydd oedd yn deall y grefft.

Ar hyd y blynyddoedd, yr hyn y'n ni wedi ei weld ar y llwyfan yn San Steffan yw dwy Blaid yn udo a nadu yng ngyddfau ei gilydd yn gwmws fel ymarfer amhersain ar gyfer perfformiad y Gerddorfa.

Y gobaith yn y Gymru Newydd yw y bydd arweinydd y Cynulliad yn debyg i arweinydd Cerddorfa, yn creu cytgord. Wrth gwrs, nid rhywbeth sydd yn gyfyngedig i'r byd gwleidyddol yn unig yw'r angen yma. Onid yw hi'n bosibl i bawb ohonom wneud rhywbeth tebyg?

3 Chwefror 1999

Parti syrpreis

Nos Sadwrn diwethaf, mewn pentref bychan saith milltir o Lanbed yma, mi roedd yna barti mewn tafarn i ddathlu pen-blwydd fy chwaer yng nghyfraith yn ddeugain oed. Roedd tua deg ar ugain ohonom yno, wedi ein gwahodd yn ystod y pythefnos diwethaf. Yr unig un nad oedd yn gwybod ymlaen llaw am y parti oedd hi ei hunan. Doedd Nans ddim yn gwybod dim byd hyd nes iddi ddod drwy'r drws a cherdded i mewn i'r ystafell lawn. Iddi hi mi roedd yn barti annisgwyl a dirybudd. Parti syrpreis. Wedi iddi agor y drws sylweddolodd beth oedd ymlaen. Trodd yr annisgwyl yn gymysgfa o wên a dagrau o hapusrwydd. Oedd, mi roedd ei hwyneb yn bictiwr a chafwyd 'hei leiff' o barti weddill y nos.

Rai oriau ynghynt y prynhawn Sadwrn hwnnw, ymhell o Lanbed 'ma yng Nghaeredin, fe chwalwyd disgwyliadau miloedd ar filoedd o ddilynwyr tîm rygbi Cymru. Bu llawer o ddarogan ymlaen llaw am fuddugoliaeth debygol. Yn hytrach fe drodd y disgwyliadau yn siom a diflastod. Y wers fan'na yw sut i ymdopi gyda'r annisgwyl.

Rhaid cymeryd gofal wrth osod disgwyliadau a dysgu sut i ymdopi gyda'r annisgwyl. Onid fan'na mae'r prawf? Onid fan'na mae un o wersi anodda bywyd? Un peth yw gosod disgwyliadau, gall y rheiny fod yn rhai aruchel a phellgyrhaeddol ac yn rhai gwir anrhydeddus. Mae'n gymharol hawdd derbyn yr anorfod a chael eich cario gan y llif ond wrth wynebu'r annisgwyl a'r rhwystrau diarwybod a gorfod nofio yn erbyn y llif, onid dyna lle mae'r prawf?

Dywedodd rhywun rywbryd taw creadur sydd yn gaeth i arfer yw dyn (a menyw o ran hynny). Mae gan bawb ohonom drefn ac arferion ac mae'r rhan fwyaf ohonom yn gaeth iddynt. Gydag ambell berson gallwch fesur amser y dydd yn ôl ei symudiadau o'r eiliad y mae'n codi yn y bore i'r eiliad y mae'n clwydo yn y nos.

Eto, y maen prawf yw'r ffordd y'n ni'n ymateb i sefyllfaoedd roedden ni'n credu na fyddent byth yn codi. Dyna pryd mae angen dycnwch, cyndynrwydd a chryfder i wthio drwyddo. Yn yr annisgwyl fe ddaw yna sialens.

10 Chwefror 1999

Nawr

Siŵr o fod taw'r gair allweddol yn y sgwrs yma yw'r gair *nawr*. Sdim ots faint o baratoi a threfnu a wnaed ymlaen llaw, yr hyn sydd yn digwydd *nawr* sydd yn bwysig. Dyna'r allwedd a all ofalu bod drysau yn cael eu hagor neu ar y llaw arall eu bod yn parhau ynghau.

Y duedd yw peidio gafael yn y *nawr* gan droi ein hwynebau tuag at ddoe a hiraethu a breuddwydio am yr hyn a ddigwyddodd. Neu ar y llaw arall gallwn osod ein pennau yn y cymylau gan ddyheu a dychmygu am ryw yfory gwell ond heb wneud dim *nawr*. Gall y breuddwydio, yr hyfforddi a'r holl baratoi, y cyfan i gyd, fod yn gwbl ddiwerth os na ddaw dim byd ohono. Mae hyn yn wir i'r gwleidydd, y llenor neu'r mabolgampwr, a sgwad rygbi Cymru. Beth yw pwynt yr holl waith os na fydd dim yn digwydd?

Pan nad yw tîm pêl-droed neu rygbi wedi chwarae'n dda yna fe ddefnyddir ymadrodd fod y tîm 'heb droi lan' – er eu bod nhw ar y cae. Yr hyn a olygir yw eu bod heb chwarae yn dda o gwbl – heb gymeryd mantais o'r *nawr*. Mi all y gair *nawr* fod yn un sylweddol sydd yn medru newid pethau'n ddirfawr.

Os na wnawn gymeryd gafael yn y nawr yna byddwn wedi colli'r cyfle. Mae yna ddihareb o wlad Sbaen sy'n dweud, 'Bydded i Dduw ofalu nad ydych yn rhy hwyr'. Y'n ni'n gwybod beth yw bod yn rhy hwyr a cholli cyfle: adeg pan oedd y cyfle yna a hithau'n adeg gwneud rhywbeth, a ninnau wedi gadael iddi basio. 'Sen i ond wedi ... o'n i yn mynd i wneud e' ... o'dd e ar fy meddwl i ddweud ...

Nawr, meddai Syr Walter Scott, yw un o eiriau mawr bywyd. Y trueni yw nad ydym yn gweld ei werth, nac yn deall ei arwyddocâd na sylwi ar ei bwysigrwydd, nes bod *nawr* wedi troi'n *wedyn*.

Mae gan bawb ohonom enghreifftiau yn ein bywydau a all fod yn wersi i bwysleisio na ddylem golli'r cyfle i wneud rhywbeth. Allwn ni ddim fforddio'r moethusrwydd o golli cyfle. Un bywyd sydd gyda ni, un daear sydd gyda ni, un iaith sydd gyda ni – oni ddylid chwilio am gyfleoedd a ffyrdd i ddefnyddio'r pethau hynny sydd gyda ni, a'i wneud e nawr?

10 *Chwefror* 2012

Y Grawys

Wedi'r cyfle i fwynhau'r pancws ar ddydd Mawrth Ynyd ddoe, heddiw mae'n ddydd Mercher y Lludw. Daw'r enw o'r arferiad o roi lludw ar dalcen person i ddangos galar yn gyhoeddus ac mae'n cynnwys elfen o edifeirwch hefyd. Mae hefyd yn gychwyn cyfnod y Grawys, sef adeg ymwrthod rhag gwneud rhywbeth penodol. Bydd hynny yn parhau o heddiw ymlaen hyd at y Pasg sydd 46 diwrnod i ffwrdd – neu, os gwnewch chi eithrio'r Suliau, mae'n 40 diwrnod i ffwrdd, sydd yn cynrychioli'r dyddiau y bu'r Iesu yn y diffeithwch yn ôl y Beibl.

Mae pobl yn dal i fynd i'r Eglwys ar ddydd Mercher y Lludw i osod lludw ar eu hwynebau. Mae'n arferiad hynafol sy'n ein hatgoffa o'n cyfrifoldebau a'n dyletswyddau. Cawn gyfle i feddwl am yr holl bethau y'n ni yn eu gwneud yn anghywir ac na ddylen eu gwneud. Cyfnod o ymprydio neu gadw rhag rhywbeth yw'r Grawys – cyfnod o fwyta'n llai bras, a gweddïo yn amlach.

Onid yw'n medru bod yn dipyn o her cadw rhag gwneud pethau penodol? Mae iddo ei elfen o aberth ac mae hynny yn arwain at fymryn o ddioddefaint. Ond wedyn, ar ddiwedd y cyfnod, mawr yw'r dathlu a'r hwyl, nid yn unig o fod wedi llwyddo i ymatal, ond yn ogystal mae cryn lawenydd o ailafael yn y pethau hynny y'n ni dros y cyfnod wedi peidio â'u gwneud.

Ond beth am yr ochr arall i'r geiniog? Beth am ei throi

wyneb i waered – yn lle meddwl am rywbeth y gallwn fynd hebddo, beth am feddwl am bethau na allwn fynd hebddynt o gwbl? Ac wrth feddwl amdanynt, beth am ystyried beth allwn ei wneud, a beth sydd angen ei wneud i ofalu na wnânt ddiflannu ac y byddant yn parhau?

I mi, mae honno yn her sydd yr un mor bwysig. Beth amdanoch chi?

13 Chwefror 2013

Cofio Elfed

Roedd y daith heddiw i Lanbed dipyn hwylusach a rhwyddach nag oedd hi yr un amser wythnos yn ôl. Dros yr holl ardal mi roedd yna gwrlid gwyn. Efallai nad oedd y trwch yn ormodol ond mi roedd y blanced rhewllyd yn gwneud y ffordd yn llithrig. Wedi cyrraedd yma'n ddiogel rhaid wedyn oedd mynd i'r gwaith yng Nghastellnewydd Emlyn – taith a gymerodd ddwbl yr amser arferol. Fel y gellir dychmygu, yr eira a'r anhwylustod oedd testun sawl sgwrs yn ystod y dyddiau a ddilynodd.

Erbyn dydd Sul mi roedd bron bob argoel o'r eira wedi diflannu, gan gynnwys y dyn eira a godwyd gan y ddwy ferch yng nghefn y tŷ. Bellach, prinhau mae'r cyfeiriadau ato ar leferydd y plant ac ymhen dim bydd yn angof. Fel'na mae eira. Pan ddaw, mae'n amhosibl ei anwybyddu ac mae'n datblygu'n destun cleber a chlonc ym mhobman. Unwaith yr â, buan yr anghofir amdano.

Am hanner dydd brynhawn yfory yng Nghwm Gwendraeth rwyf yn dychmygu y bydd Capel Nasareth, Pont-iets yn orlawn gyda thyrfa luosog y tu fas. Yno byddwn yn talu teyrnged ac yn rhoi diolch am fywyd gŵr eithriadol a fu farw'n frawychus o sydyn nos Iau diwethaf.

Lle bynnag roedd Elfed mi fyddech chi yn gwybod yn bendant ei fod e yno. Roedd yn un i osod ei farc, ond yn wahanol i'r eira, yn para i adael ei ddylanwad am byth. Fel ffrind nid oedd ei debyg – yn glynu gyda chi fel gelen, yn hollol sownd ac yn gefn bob amser gyda'i anogaeth ddiddiwedd.

Os oedd gan rywun rywbeth i'w ddweud, Elfed oedd hwnnw. Byddai'n llefaru pethau gwerthfawr a chyfoethog. Ond un peth yw dweud, peth arall yw gwneud. Cyfunodd y dweud gyda'r gwneud. Bob amser ar flaen y gad yn ymgyrchu, yn arwain ac yn gweithio. Wynebodd Lys Barn sawl gwaith a chafodd gyfnod o garchar fel rhan o ymgyrchoedd Cymdeithas yr Iaith. Do, fe orymdeithiodd a phrotestio yn eofn. Pe bai mwy ohonom wedi gwrando ar ei ddweud a'i ddilyn gyda gwneud byddai gwell siâp o lawer ar ein hiaith heddiw.

Yn wahanol i eira'r wythnos diwethaf, nid dros dro fydd effaith Elfed; bydd canlyniadau ei ymdrechion yn barhaol ac er gwell.

17 Chwefror 1999

Tynged yr Iaith

Yn yr wythnosau diwethaf bu llawer iawn o gofio wrth edrych yn ôl hanner can mlynedd at ddarlith Tynged yr Iaith a'i dylanwad a'i heffaith bellgyrhaeddol. Cofio lle'r oedden ni, beth ddigwyddodd, a'r hyn a wnaed fel rhan o'r gweithgarwch mawr a ddilynodd.

Mae'r cof yn rhywbeth syfrdanol o bwerus. Wrth lwyddo i dwrio i waelodion y cof daw'r pethau rhyfeddaf yn ôl yn fyw. Yn wir, mae'n drysor gwerthfawr pan fydd y foment bell yn ôl yn dychwelyd, a hynny wedi i ryw driger neu'i gilydd ei brocio. Bydd adegau lle byddwn yn dibynnu ar synhwyrau eraill i sbarduno pethau'n ôl i'r cof. Dro arall cawn ein siomi gan fethiant y cof wrth iddo ein gadael i lawr.

Mae'r gair Saesneg *re-member* yn cyfeirio at ailosod pethau sydd wedi eu chwalu neu eu rhwygo yn ôl i'w lle. Ailosod pethau'r cof gyda'i gilydd.

Mawredd – mae'r cof yn beth pwerus. Gall sugno ffeithiau yn weddol hawdd. Gall gweld rhai delweddau arwain at gofio'r manylyn lleiaf, a hynny am ryw ddigwyddiad pell yn ôl, gan ddwyn wedyn i gof bethau mân a dibwys megis sut dywydd oedd hi, beth oeddwn yn ei wisgo a hyd yn oed deimladau gwahanol ynghyd â'r aroglau a'r lliwiau. Wedyn fe allwn ddatgan yn hyderus, 'Fi'n cofio fel tasa hi ddoe', tra mewn gwirionedd mae'n galler bod yn ddigon anodd cofio beth oedd i ginio ddoe!

Cawn ein brifo pan fydd eraill yn ein herio drwy ddweud nad ydym yn gywir. Mae ein cof yn rhan o'r broses o ddatblygu ein hunain a thyfu fel pobl. Mae yn atyniadol ac yn apelio gymaint. Na, dyw'r cof am ddoe, sef un o'r pethau gwerthfawr sydd gyda ni, ddim falle bob amser yn ddibynadwy – ond onid yw'n gyfrifol am ein gwneud ni yr hyn y'n ni heddiw?

Yn anffodus gall trysorau ddoe edrych yn wahanol yng ngoleuni amser. Maen nhw'n medru pylu, edwino a cholli eu lliw. Gobeithio taw nid felly fydd hi wrth i ni ymlwybro ar daith y Grawys neu wrth gofio Tynged yr Iaith.

24 Chwefror 2012

Gŵyl Ddewi

Bob blwyddyn ceir dathliadau di-ri i nodi Gŵyl Ddewi ac mae'n siŵr bod y dathliadau blynyddol yma yn creu pob math o gwestiynau gwahanol sydd yn tanlinellu ein cymhlethdodau cenedlaethol. O wneud hynny, onid oes perygl y byddwn yn mynd yn bruddglwyfus, a hynny i raddau tipyn mwy na'r felan bore Llun a all effeithio ar lawer ohonom ni!

Nepell o Lanbed 'ma ym Mhencader, 800 mlynedd yn ôl pan oedd y Brenin Harri II ar daith drwy'r Gorllewin wedi'r rhyfel, soniodd yr Hen Ŵr wrtho mai'r Gymraeg 'fydd yn ateb dros y cornelyn hwn o'r ddaear' yn Nydd y Farn. Tra bydd y Gymraeg yn cael ei siarad fe fydd yna hefyd drin a thrafod beth yw'r ffordd fwyaf priodol i ddathlu Gŵyl ein Nawddsant. Mae yn gyfnod cymhleth sydd yn medru bod yn llawn deuoliaeth a pharadocs.

Do, fe gafwyd yr ystrydebau lu. Dros bedwar ban byd mewn gwahanol gorneli daeth y Cymry ar Wasgar ynghyd i ddathlu. Bu'r gwledda yn amrywio o'r gloddesta ysblennydd, os nad gormodol, mewn gwestai crand yn ein dinasoedd i'r basneidiau cawl a'r pice bach syml mewn neuaddau a festris yng nghefn gwlad. Y cyfan yn digwydd er mwyn nodi bywyd gŵr oedd, fel gweddill y mynachod, yn cael ei ddigoni gan fwyd syml o fara a pherlysiau.

Yn wir fe lansiwyd gwin a chwrw arbennig i ddathlu ein Nawddsant – sant oedd yn adnabyddus y tu allan i'r fynachlog fel un a yfai ddŵr yn unig i dorri ei syched. Wedyn fel un sydd yn mwynhau ambell i wydraid o win neu beint o gwrw, ac yn falch o unrhyw esgus i ddathlu, pwy ydwyf fi i bwyntio bys!

Diolch am Ŵyl Ddewi. Mae'n gyfle i ysgogi aml i ddigwyddiad ac i lansio aml i gyhoeddiad. Yn bennaf, wrth gwrs, mae'n gyfle i ddathlu cenedligrwydd ac i ddangos ein safle yn y byd gan ymfalchïo ymhellach yn y gwerthoedd a ledaenwyd gan Ddewi a defnyddio'r cyfle i fod yn barod i'w gwasgaru a'u lledaenu ymhellach.

Yn y dyddiau wedi'r Ŵyl, gyda'r genhinen Pedr a wisgwyd yn dechrau edrych yn fwy shimpil, gobeithio fod y gwaed yn pwmpio yn fwy hyderus o gwmpas y corff. Falle, wedi'r chwistrelliad blynyddol, na fydd angen gofyn 'ai coch yw dy waed'.

3 Mawrth 1997

Dadmer

Tua 6 o'r gloch bob bore Gwener mae'r fan fara yn cyrraedd tŷ ni. Fel arfer byddaf yn deffro gan y sŵn. Y drefn yw bod y dyn bara yn gosod digon o dorthau am yr wythnos ac yn eu hongian mewn cwdyn wrth ddolen drws y tŷ.

Bore yfory felly bydd yna dorth ffres newydd i frecwast ond bydd y rhai sydd dros ben yn cael eu gosod yn y rhewgell i'w defnyddio yn eu tro fel mae'r angen. Yn ystod yr wythnos pan ddaw yn adeg, yn ôl y galw, i dynnu'r rheiny allan o'r rhewgell mi fyddan nhw mor galed â charreg, wedi rhewi'n gorn ac yn werth dim byd o gwbl. Fe all y dorth gael ei chicio o fan hyn i ben draw'r byd ac yn ôl, ac ni fydd hi damed gwaeth. Rhaid naill ei gosod yn y ffwrn ficrodon i ddadrewi neu gadael iddi wneud hynny yn ei hamser ei hunan. Unwaith eto bydd y dorth wedyn bron mor ffres â'r awr y prynwyd hi yn y lle cyntaf ac mor hawdd fydd medru ei thorri i gael tafelli tost blasus neu frechdan ddefnyddiol ar gyfer bwyd i ginio.

'Dwy ddim am gyfeirio at stori'r Pum Torth a'r Dau Bysgodyn yn bwydo'r pum mil, na sôn am Fara'r Bywyd, na chwaith o ran hynny am fentro canu 'Bread of Heaven', ond rwyf am i chi feddwl am y dorth galed, ddiwerth yn y rhewgell.

Person peryglus yw'r un sydd â chalon galed, a rhaid gwylio'r un sydd â'i lygaid yn oer gan ei fod yn ddidostur.

Mae cyfarchiad y law agored yn wresog a llawn croeso ond gwae ni pan fo'n troi'n ddwrn caled. Gall hynny frifo. Hefyd mae geiriau caled, oer a dideimlad yn medru dolurio llawn gymaint. Ac wedyn hen brofiad hynod annymunol a lletchwith yw cyrraedd rhywle lle gallwch chi dorri'r awyrgylch gyda chyllell gan ei fod mor oer a digroeso.

Os bydd yna gyfle heddiw i ddadmer ambell i sefyllfa, gobeithio y gwnawn ni fanteisio ar y cyfle gan ddod â gwres a chynhesrwydd yn ei le. Yn wir onid oes dyletswydd arnom i feddalu yr hyn sydd yn galed a di werth mewn bywyd?

Fel y dorth wedi ei dadrewi – dyna pryd y byddwn ni ar ein gorau gan fod o werth ac o ddefnydd mewn bywyd.

4 Mawrth 2004

Sylwi

Anaml iawn y byddwn ni yn meddwl am radio fel cyfrwng i allu gweld pethau. Gyda theledu, yn naturiol, mae'n wahanol, achos fe fyddwn yn gallu gweld, am ei fod yn wastadol yn rhoi lluniau – ond am y radio, wel cyfrwng i wrando yw hwnnw.

Ond gall radio hefyd fod yn gyfrwng gweld, dim ond i ni ddefnyddio'r dychymyg wrth wrando. Yr eiliad yma mae'n siŵr fod yna ddelweddau gwahanol ac amrywiol yn gwibio drwy eich meddyliau, ac mae hynny yn galler bod yn eithaf pwerus. Pe bawn i ar y teledu, hwyrach na fyddai'r meddwl yn gweithio mor fyrlymus nac mor greadigol ac adeiladol am fod y lluniau wedi eu creu a'u paratoi ar ein cyfer ni'r gwylwyr.

Onid mewn byd fel yna y'n ni'n byw? Mae cymaint o bethau i edrych arnynt ond ninnau ddim yn sylwi go iawn. Mae pethau'n digwydd o'n cwmpas, ac er i ni edrych arnynt, nid ydynt yn dal ein sylw o gwbl.

Meddyliwch am y pethau bach sydd yn digwydd; y pethe hynny yn sicr na fydden ni ddim yn mynd allan o'n ffordd i'w crybwyll wrth eraill, na chyfeirio atynt mewn sgwrs. Yn hytrach byddwn yn eu hesgeuluso a'u hanwybyddu. Gair caredig falle, neu gymwynas fechan ddi-nod; cwrteisi wrth adael i rywun fynd o'ch blaen; mynd allan o'r ffordd i ddiolch; dal drws ar agor i rywun; ildio sedd ar y bws i arall mewn angen. Cerdded llathen arall – neu yn well byth yr ail filltir. Gweithredoedd bychain digon tebyg i'r rheiny sydd yn gwneud bywyd yn fwy llyfn, a digwyddiadau o garedigrwydd sydd yn gweu defnydd ein byd ni.

Hwyrach nad ydynt yn cael cydnabyddiaeth na chwaith yn cael eu harddel gan lawer o neb – ond maen nhw'n bethau sydd yn mynd ymhell. Gall gweithred garedig fod yn barhaol a bythol ei dylanwad ac yn rymusach o lawer na gweithred angharedig.

Mae nhw yn digwydd o'n cwmpas ni bob dydd, ond ar y cyfan dy'n ni ddim yn rhoi sylw iddynt. Os gwelwn ni hynny ar waith heddiw, beth am ddangos gwerthfawrogiad a mynegi diolch amdanynt – hyd yn oed os nad ydynt yn effeithio arnon ni yn uniongyrchol. Wyddoch chi ddim, hwyrach mai dyna'r cam bach at rywbeth mwy. Pwy a ŵyr?

5 Mawrth 2009

Maddau

Cyfres o dair rhaglen unigryw a phwerus tu hwnt ar y teledu oedd *Facing the Truth*, lle roedd y gŵr rhyfeddol Desmond Tutu wedi dod draw o Dde Affrica i Ogledd Iwerddon i gael y dioddefwr a'r troseddwr at ei gilydd i drafod eu teimladau. Roedd y cyn Archesgob yn gweithredu fel math o gyfryngwr gan roi cyfle i'r rheiny oedd yn gyfrifol am y trais a'r niwed drafod gyda'r rheiny oedd wedi cael eu niweidio.

Mi roedd y cyfarfodydd yn rhai pwerus tu hwnt, a sdim dwywaith nad oedd angen person o gymeriad Desmond Tutu i ofalu bod y syniad yn mynd i weithio'n llwyddiannus. Oni bai am ei bersonoliaeth ef fe allai'r cyfan fod wedi mynd yn ffliwt. Yn ôl rhai, gwir ystyr maddeuant yw cydnabod bod yr hyn a ddigwyddodd heb ddigwydd o gwbl. A ddaethpwyd at y pwynt hwnnw? 'Dwy ddim yn gwybod!

Mae'n syniad ffasiynol cynnal cyfarfodydd cyfryngu, yn enwedig lle mae anghydfod, dyweder, rhwng cymdogion neu rhwng partneriaid mewn priodas, rhwng cyflogwr a'r cyflogedig a hyd yn oed mewn ysgolion rhwng athrawon a disgyblion. Y syniad yw y bydd hynny yn osgoi'r angen i gymryd camau llymach.

Daeth sefyllfa frau gwleidyddiaeth a chrefydd Gogledd Iwerddon yn fyw iawn i mi dros y penwythnos, oherwydd bûm yng nghwmni gŵr sydd wedi gweithio a byw am flynyddoedd maith yn y rhan honno; un sydd wedi gweinidogaethu yno ac sydd y bore 'ma yn hedfan yn ôl yno wedi iddo ymweld â gorllewin Cymru i gyfarfod â rhai ohonom yma. Cafodd gyfle i rannu peth o'i brofiadau yn ystod ei ymweliad byr. Ers iddo symud yno o Loegr yn 1991 i weinidogaethu mewn talcen anodd mae wedi llwyddo i gyflawni tipyn o waith, a hynny wrth iddo daflu ei hunan i fewn i weithgarwch y meysydd eciwmenaidd a chymod, a hynny mewn ardal ddifreintiedig gyda chanran uchel o amddifadedd cymdeithasol.

Gallai fod wedi dewis bywyd hawsach wrth aros yn Lloegr. Fe allai Desmond Tutu fod wedi aros yn Ne Affrica i fwynhau ei ymddeoliad ac i fagu nerth gan nad yw'n profi yr iechyd gorau – ond nid felly y bu. Penderfynwyd ysgwyd yr hualau cyffyrddus a throi cefn ar foethusrwydd i gyfrannu at wella pethau.

I mi mae pobl felly yn fwy o arwyr nag enillwyr yr oscars ac mae eu cyfraniadau yn fwy gwerthfawr o lawer. Diolch amdanynt.

6 Mawrth 2006

Rasio

Ym myd rasio Fformiwla Un, gyda Williams, Ferrari, Benetton a McLaren, mae'n amlwg bod rhagoriaeth rhwng modelau ceir gwahanol er, i mi, car rasio yw car rasio. Syndod yw clywed cymaint yn datgan nad y gyrrwr sydd yn gyfrifol yn gyfan gwbl am ennill ras, ond gwneuthuriad y car a'r tîm sydd y tu cefn.

Oni ellir cymharu hyn gyda sefyllfa ein henwadau crefyddol? Yn ein pentrefi a'n trefi, darlun digon cyffredin a chyfarwydd yw gweld ceir yn gwibio heibio i'w gilydd o bob cyfeiriad yn cario pobl gan groesi eu llwybrau fel gêm *snakes and ladders* i gyrraedd lle o addoliad yn enw enwadaeth.

Trueni yw gweld y gwahaniaethau hynny yn creu culni a rhagfarnau gan godi cloddiau a ffin diffyg dealltwriaeth sydd yn rhwystro cydweithio ac yn creu gwrthdaro yn y pen draw. Onid oes yna lawer i'w ddweud dros y weledigaeth o grefydd ddi-ddiwinyddiaeth?

Mae llawer o yrwyr ceir Fformiwla Un yn aros yn driw i'r cwmni a'r gwneuthuriad ceir maent yn ei yrru. Dyna sut y mae llawer yn meddwl am ein henwadau. Rwy'n deall yn iawn, fel gyda'r gyrwyr ceir, bod yna ambell i enwad penodol yn fwy addas ac yn siwtio rhai yn well na'r lleill.

Os felly, onid y gyfrinach yw peidio â gweld y cyfan fel ras a mynnu bod rhaid i un enwad ragori ar y llall. Falle ei bod hi yn anodd deall ymlyniad eraill sydd yn wahanol i ni at rywbeth nad y'n ni yn ei ddeall na hyd yn oed yn gweld gwerth ynddo, fel gyrwyr at wneuthuriad mathau o geir gwahanol. Ond onid yw ffydd a dealltwriaeth ysbrydol yn fwy na chystadleuaeth i weld pwy fydd yn cyrraedd gyntaf at y *chequered flag*?

10 Mawrth 1997

Gwirfoddolwyr

Y noson o'r blaen aeth rhai o blant a phobl ifanc Talgarreg, sy'n aelodau o Adran ac Aelwyd yr Urdd, ar ymweliad â Gorsaf y Frigâd Dân yn Llandysul. Roeddent yno i weld sut roedd pethau'n gweithio y tu ôl i'r llenni. Mawr oedd y sbort wrth chwarae gyda'r pibelli dŵr a'r gwisgoedd ac eistedd yn yr Injan Dân yn gwasgu botymau gwahanol i ganu'r seiren a throi'r golau glas ymlaen. Diflannodd y sbort pan welwyd fideo i atgoffa pawb o'r peryglon o beidio â diogelu rhag tân. Dangoswyd lluniau mewn albwm o aelodau'r Frigâd Dân leol yn diffodd tanau, arbed bywydau a thorri pobl yn rhydd o ddamweiniau cerbydau. Do, dibennodd yr hwyl yn go glou a daeth ein traed nôl i'r ddaear unwaith eto wrth gael ein hatgoffa mai ein hesgeulustod ni, ambell waith, sydd yn gyfrifol am achosi tân neu ddamwain.

Yr hyn a greodd yr argraff fwyaf i lawer ohonom y noson honno oedd sylweddoli mai gwirfoddolwyr yw asgwrn cefn y gwasanaeth yma. Mewn cymaint o drefi a phentrefi mae'r Gwasanaethau Achub Bywydau fel y Frigâd Dân, y Bad Achub, Urdd Sant Ioan a'r Groes Goch yn dibynnu ar bobl o'r fath. Byddwn yn ddigon parod heddiw i feirniadu'r natur ddynol am bob math o ffaeleddau. Ond mae parodrwydd gwirfoddolwyr i wneud sut gymaint (gan gynnwys ar adegau peryglu eu bywydau) heb ddisgwyl dim yn ôl yn dystiolaeth clodwiw i'r hen natur ddynol ac yn ein hatgoffa nad arian yw popeth.

Arferai'r gymdeithas wledig gael ei chlymu gan gylymau gwahanol. Cyd-dynnu a chyd-drefnu a chydweithio yn rhwymo tyddyn bach wrth fferm fawr. Byddai un ffermwr yn cynaeafu'r cnydau a phawb yn y gymdogaeth yn ysgwyddo'r baich. Dyna'r union arfer adeg cneifio a dipio'r defaid a thynnu tatws. Symud ymlaen wedyn i'r fferm drws nesaf a chadw i fynd nes bod pawb wedi gorffen y gwaith wrth i bawb gydweithio. Doedd dim gwerth i'r math yna o beth mewn unrhyw gyfrif banc ond mae bywyd yn dlotach hebddo. Gyda dyfodiad y peiriannau gwahanol a gallu person i weithio'n annibynnol, a'r dieithrio ymysg ein gilydd, efallai bod hyn i gyd wedi rhoi mwy o arian yn y banc. Ond i ba werth?

Wrth edrych yn ôl a chofio Streic y Glowyr, cofiwn taw'r rheswm dros y streic oedd gofalu fod y Pyllau Glo yn parhau ar agor a sicrhau parhad i'r gwerthoedd oedd yn dal cymdeithas ynghlwm. Rhywbeth, eto, na ellir ei brynu ag arian.

11 Mawrth 2004

Lluniau

Mae edrych ar hen luniau'n dod nôl â chryn lawer o atgofion gwahanol. Dyna mae lluniau yn ei wneud – dal y foment. Bydd proses bywyd yn mynd ymlaen ond bydd yr union eiliad fach honno wedi ei dal. Wrth edrych arnynt ymhen amser dyma gyfle i hel atgofion.

'Dyw llun byth yn dweud anwiredd' oedd yr hen gred. Falle taw fel'na oedd hi slawer dydd, ond erbyn hyn y'n ni'n gwybod fod yna lawer o ffyrdd gwahanol i newid llun fel nad yw'n dweud y gwir. Mae modd doctora llun a'i wneud e' yn un ffug. Yn yr un modd rhaid bod ar wyliadwriaeth wrth edrych ar luniau gan taw'r cyfan y gallwn ei wneud yw ei ddehongli, ac mae gyda ni bob un ohonom ein dehongliadau ein hunain.

Mae'n siŵr fod pawb ohonom sydd yn berchen camera wedi cael y profiad rywbryd o gael llun yn ôl oedd ddim yn glir, a ninnau yn gorfod datrys y cynnwys. Dro arall bydd gyda ni bentwr o hen luniau, sy'n ddigon clir, ond heb lefelaeth pwy sydd ynddo.

Nid cyfrwng lluniau yw radio, ond cyfrwng sain. Eto mae cymaint o luniau gwahanol yn cael eu creu yn ein meddyliau ninnau wrth wrando. Boed iddynt aros yn glir a diamwys yn ein meddyliau ninnau sydd yn gwrando.

14 Mawrth 2006

Priodas

Ddydd Sadwrn nesaf bydd gen i briodas. Mewn ymarfer gwasanaeth echnos gyda'r ddau deulu ynghyd mi glywais sawl un yn dweud bod y ddau, Ceri a Gareth, yn dod ymlaen gyda'i gilydd yn dda. Y'n ni i gyd yn ei chael hi'n anodd dod ymlaen gyda rhai pobl.

Dros yr wythnosau diwethaf 'ma, dyma gwestiwn sydd wedi cael ei ofyn laweroedd o weithiau am wleidyddion ac arweinwyr gwahanol wledydd: 'A ddôn nhw ymlaen gyda'i gilydd neu beidio?'

Weithiau pan fyddwn wedi bod yn nghwmni rhai anghydnaws a wna i ni deimlo'n anghysurus, yn weddol glou fe ddown i'r casgliad na fydden ni byth yn medru cyd-dynnu na dod ymlaen gyda nhw. Fe ddaw hynny o ganlyniad i'w safbwyntiau a'u syniadau, eu hagweddau a'u hymddygiad. Yn wir, mae crugyn o bethau gwahanol a all ein harwain i'r casgliad, 'Alla i byth â dod ymlaen gyda fe neu hi'.

Onid rhan o gelfyddyd bywyd yw'r ffordd y llwyddwn i gyd-dynnu a goddef ein gilydd tra ar yr un pryd yn aros yn driw i'n syniadau a'n hargyhoeddiadau?

Mae'n siŵr y ceir cryn foddhad os taw ond ychydig o ran nifer yw'r rheiny y teimlwn na fedrwn ddod ymlaen gyda nhw. Da iawn, gallwn fod yn gymharol hapus ein byd. Yn wir, gallwn fynd mor bell â llongyfarch ein hunain!

Ar y llaw arall, byddwn yn wyliadwrus, achos os yw'r nifer yn uchel, yna rhaid i ni wynebu ffeithiau caled. Gall ddangos fod gyda ni lot o ragfarnau. Cofiwn, mae'n bosibl fod nifer mawr o bobl yn ei chael hi'n anodd dod ymlaen gyda ninnau hefyd.

16 Mawrth 2017

Dydd Gŵyl Padrig

Yn lled aml wrth agosáu at dref Abergwaun a gweld y porthladd o'm blaen daw yna ysfa i ddal y fferi a glanio yn Rosslare yn Iwerddon. Cyfle wedyn i fwynhau cwmnïaeth y Gwyddelod ac i ymgolli yn sŵn eu cerddoriaeth hudolus gan ryfeddu ar yr un pryd at lwyddiant economaidd y Wladwriaeth rydd yn ogystal wrth gwrs â chael cyfle i drachtio'u cynnyrch traddodiadol – gwin y gwan. Mae'n siŵr y bydd y teimladau dipyn yn gryfach heddiw a hithau'n Ddiwrnod Gŵyl eu Nawddsant Padrig.

Pan oedd Padrig yn un ar bymtheg oed cafodd ei gipio, hwyrach o Gymru, a bu'n gaethwas yn Iwerddon. Dysgodd am grefydd y wlad a chymerodd ei haddoliad a'i defosiwn o ddifri. Er iddo ddianc ar gwch i ddod nôl adref fe ddychwelodd drachefn i Iwerddon er mwyn hyrwyddo Cristnogaeth. Bu farw yn y flwyddyn 461 ac nid oes llawer o fanylion ar gael am ei fywyd. Tyfodd chwedlau amdano ond wrth ddarllen ei ysgrifau a'i lythyrau mae modd dod i gasgliadau gwahanol. Roedd yn ddyn dewr iawn, yn anorchfygol yn ei ffydd ac yn weithgar yn cyflawni ei ddyletswyddau. Mae'n ymddangos ei fod hefyd yn ddiymhongar ac yn ostyngedig. Rhinweddau da i gyd. Cawn ar ddeall ei fod yn ŵr penderfynol iawn ac oni fyddwn yn llawn edmygedd at bobl felly?

Dydd Sadwrn diwethaf ym Mhenparcau, ger Aberystwyth, gosodwyd plac ar dŷ a fu'n gartref i Gwenallt o 1935 hyd nes ei farw yn 1968. Dyma ŵr oedd yn llawn penderfyniad, oedd hefyd â safbwyntiau unplyg a gweledigaeth glir ynghyd ag argyhoeddiadau cryfion.

Mae bod yn benderfynol yn golygu cael barn bendant, di-ildio, a sefyll yn ddigyfaddawd. Mae'r eirfa sydd yn cyfleu'r gwrthwyneb yn reit llipa a gwan, sef amhendant, ansicr, petrusgar, amhenodol a phenagored.

Onid gwell yw'r geiriau cadarnhaol? Mae'n siŵr fod yn well gyda ni y geiriau sydd yn cyfleu'r syniad o fod yn benderfynol – hyd nes y down ben-ben â nhw! Yr adeg honno pan maent yn ein hwynebu ni, onid dyna'r adeg hefyd pan maent yn gyfystyr â bod yn ystyfnig, a bod yn dipyn o niwsans a rhwystr!

'Cynt y cyferfydd dau ddyn na dau fynydd' medd y ddihareb. Gwaith anodd yw cael dau berson penderfynol i gyfarfod yn y canol. Bryd hynny mae angen doethineb Solomon, amynedd Job a chyfrwystra'r llwynog os am lwyddo. Ond bydd angen penderfyniad arnaf fi y bore 'ma i beidio dilyn yr awydd i hwylio i Iwerddon.

17 Mawrth 1997

Adeiladu pontydd

Wrth deithio i Lanbed o Dalgarreg, y pentref cyntaf y bydda i'n ei gyrraedd yw Pont-siân. Does neb yn rhyw siŵr iawn o darddiad yr enw. Mae ail ran yr enw wedi peri i rai gredu bod yna gysylltiad gyda hen wraig o'r enw Siân oedd yn byw gerllaw'r bont. Yng nghyfrifiad 1851 gwelir yr enw Penybont Shani yn cael ei roi ar y pentref. Dywed eraill mai 'siaen' yw'r ffurf gywir a hynny am yr arferai fod yna ganllaw yno ar un adeg i groesi'r afon a hynny ar ffurf tsiaen.

Beth bynnag am ail ran enw'r pentref, mae'r rhan gyntaf yn gwbl ddiamwys, sef Pont. Mae yna bont sy'n croesi dros afon Cletwr, a Dyffryn Cletwr yw'r cwm sy'n ymestyn o'r pentref; cwm sydd wedi gweld cryn frwydro dros hawliau tir ac egwyddorion rhyddid meddwl, yn ogystal â rhyddid crefyddol a gwleidyddol, a hynny i geisio pontio at y difreintiedig a'r gorthrymedig.

Adeg fy mhlentyndod byddai pont y pentref bob amser yn gyrchfan naturiol i blant chwarae ac i oedolion ymgynnull, yn arbennig gyda'r nos. Byddai siâp bron bob pont yn y pentrefi bychain fel Talgarreg, Pont-siân, Drefach a Llanwnnen yn grwca. Wrth ddynesu a chyn croesi'r bont roedd trafnidiaeth yn gorfod arafu cryn dipyn. Erbyn hyn mae'r rhain i gyd wedi eu gwneud yn wastad.

Pethau rhyfeddol yw pontydd; dyfais i groesi o un ochr

i'r llall. Gwelir dros y byd nifer ohonynt sydd yn enghreifftiau rhagorol o bensaernïaeth odidog. Hebddynt ni fyddai modd croesi o gwbl ond drwy gryn ymdrech.

Mewn byd lle mae cymaint o hollti a gwahanu yn digwydd gall pawb ohonom fod fel pont, yn cyfuno. Yn aml wedyn mae disgwyl i ni sefyll yn yr adwy neu geisio llenwi agendor. Yn anffodus, byddwn yn ddigon amharod i 'sefyll yn y bwlch', neu'n waeth byth, efallai y byddwn, fel yr hen bontydd crwca 'na flynyddoedd yn ôl, yn creu pob math o rwystrau i atal croesi yn hawdd a didramgwydd.

Onid yw hi'n werth chwilio am y gallu sydd ynom i adeiladu pontydd i gefnogi a chynnal ein gilydd? Wrth groesi o un ochr i'r llall gobeithio y cawn feddwl agored i fagu dealltwriaeth a chydweithio.

Yn y broses o gyfathrebu gyda'n gilydd mae'n debyg taw dim ond 20% o wybodaeth sydd yn cael ei drosglwyddo gan eiriau. Yn hytrach na gadael i'r agendor ledaenu'r hollt, beth am i'r 80% arall fod yn ddefnydd o ystumiau ac osgo a fydd yn bontydd emosiynol yn codi rhyngom i ddeall ein gilydd yn well?

18 Mawrth 2004

Sudoku

Pan ddyfeisiwyd y pos *sudoku* gyntaf i gyd mi roedd yna berygl y byddwn i yn mynd yn gaeth iddo. Bob tro y byddwn yn gweld un mewn papur roedd rhaid ceisio ei ddatrys. Pan ddes i i sylweddoli bod y munudau yn troi'n oriau a minnau hyd yn oed yn prynu ambell i lyfr oedd yn llawn o bosau tebyg o wahanol raddfeydd, o rai hawdd, cymedrol ac anodd, wel, fe benderfynais mai gwell oedd ceisio magu hunanddisgyblaeth i'w hanwybyddu.

Yn aml mae bywyd yn medru bod yn rhyw fath o bos lle mae angen rhesymeg i'w ddatrys. Ambell waith bydd yr atebion yn gymharol hawdd ac mae'r darnau yn disgyn i'w lle yn gyflym, a hynny heb amheuaeth na phetruster. Bydd pob bocs yn cael ei lanw yn rhwydd. Dro arall, nid yw hi mor hawdd o gwbl. Bydd angen tipyn mwy o amynedd i weithio pethau allan, a digon anodd os nad amhosibl yw hi i ddatrys pethau.

Bydd angen rhagweld beth fydd canlyniad gwneud rhai pethau a beth fydd yr oblygiadau pan ddaw hi yn adeg cymeryd cam neu ddau, neu falle dri neu bedwar, ymhellach ymlaen ar y daith. Yn aml dyna'r drafferth, sef methiant neu anallu i weld y camau hynny sydd ymhellach ymlaen. Gwna hynny i ni betruso cyn gosod ein hatebion. Dyna pryd y byddwn yn gwamalu gan fod yn anwadal yn ein penderfyniadau a'n gweithgarwch.

Mae modd datrys *sudoku* mewn dwy ffordd. Naill ai

gallwn ddefnyddio rhesymeg i benderfynu pa rifau y gellid eu gosod yn y bocsys gwahanol, nes cael ein gadael gyda nifer fechan o atebion posibl. Neu y dewis arall yw gadael i reddf a theimlad ein harwain. Trwy ganiatáu i hynny reoli yna deuwn i weld bod yr ateb cywir i'r pos yn batrwm sy'n llewyrchu'n wan yn ein meddyliau.

Mewn bywyd, siŵr o fod, mi fyddwn yn dibynnu ar y ddwy elfen wahanol – sef rheswm a theimlad, y meddwl a'r galon. Hwyrach ar brydiau y bydd rhaid cydnabod fod y pos yn ormod o broblem i'w ddatrys a chyfaddef felly nad yw'r ateb gyda ni. Mae yna bosau mewn bywyd nad oes modd eu datrys am eu bod nhw y tu hwnt i ddealltwriaeth ein meddyliau ni feidrolion y ddaear, ac mae'n rhaid byw mewn ffydd a gobaith y bydd yr atebion yn disgyn i'w lle rywle yn nhragwyddoldeb.

19 Mawrth 2009

Haint

Tua phythefnos yn ôl daeth yna haint i'n tŷ ni.

Un o'r plant oedd wedi mynd gyda chriw o'r ysgol i sefyll ychydig o nosweithiau i Wersyll yr Urdd yn Llangrannog. Cyn iddi ddadbacio ei ches dyma alwad ffôn yn dweud ei bod wedi ei tharo'n sâl a rhaid dod i'w nôl er mwyn iddi ddod adref. Roedd hyn yn loes mawr iddi hi gan ei bod yn colli'r Ffest Ganol Nos sydd, mae'n debyg, yn un o'r uchafbwyntiau wrth sefyll yn y gwersyll. Fel sydd yn digwydd gyda heintiau o'r fath bu rhai eraill yn yr ysgol yn dioddef ohono ac wedi iddi ddychwelyd adref mi effeithiodd arnaf innau hefyd. Bûm yn anhwylus am rai dyddiau – dim byd i ofidio amdano – ychydig o niwsans, dyna i gyd.

Wrth gwrs nid tostrwydd a niwsans yw pob haint.

Ddydd Sadwrn diwethaf bues yn Aberystwyth yn gwario bron i ddiwrnod cyfan yn Eisteddfod Sir yr Urdd. Roedd haint fan honno. Nid salwch, ond haint pobl oedd yn unfarn ac unfrydol yn lledu cymeradwyaeth a chanmoliaeth mewn gwerthfawrogiad bodlon neu ochenaid parod o biti wrth i ambell gystadleuydd fethu neu anghofio geiriau. Yn sydyn wedyn, dyma'r union yr un gynulleidfa'n llawn chwerthin iachus a hwyliog ar ddoniolwch un arall.

Amser cinio heddiw bydda i'n dod adref o'r gwaith i angladd un o gymeriadau yr ardal 'co yn Nhalgarreg – Dai

Panne fel y câi ei adnabod. Fe'i ganwyd a bu'n ffermio hyd ei ymddeoliad ar fferm Bannau Duon. Wedi ei farw'r wythnos diwethaf, ac yntau bron yn 80 oed, mae'r ardalwyr yn ddigymell wedi galw i estyn llaw cydymdeimlad i'r teulu. Yn wir ers misoedd, adeg ei afiechyd creulon a phoenus roeddynt wedi bod yn galw o'u gwirfodd i fynegi consern.

Yn y rhifyn diweddaraf o bapur bro yr ardal, sef *Y Gambo*, mae dwsin o ddywediadau difyr. Dyma un sydd wedi hoelio fy sylw: 'mae gwên yn dechrau gyda gwên arall.' Trïwch e heddiw i weld a yw yn gweithio. Dyma haint sydd yn werth ei ledaenu.

20 Mawrth 2006

Canu

O'r gic gyntaf i'r chwiban olaf roeddwn innau hefyd yn gaeth i grafangau y gêm rygbi. Gwylio'r gêm ar y teledu wnes i ac un o'r lluniau trawiadol a ddaeth ar y sgrin oedd llun o'r dorf a hynny yn ystod deng munud olaf y gêm. Gwelwyd tyrfa yn llawn tensiwn. Ewinedd yn cael eu cnoi. Unigolion a'r tyndra rhyfedda ar eu hwynebau. O sylweddoli bod llai na munud yn weddill dyma'r dorf yn dechrau torri allan i ganu a newidiwyd yr awyrgylch yn llwyr.

Mae'n rhyfedd beth mae canu yn medru ei wneud. Fel y dywedodd y diweddar Robin Williams yn un o'i ysgrifau, mae yna adegau pryd y byddwn yn teimlo bod y byd i gyd yn canu. Yr adar sy'n canu ers oesoedd. Sisial canu mae'r nentydd a'r afonydd. Rydym ni'n clywed suo gân yr awel a gwyddom yn dda bod tonnau'r môr yn creu miwsig. Mae cerddoriaeth yn golygu rhywbeth gwahanol i bawb.

Sawl gwaith, wrth eistedd ar fy mhen ôl flynyddoedd yn ôl, roedd caneuon fel 'Fe Orchfygwn Ni', 'I'r Gad' ac ambell i emyn yn rhoi hwb ymlaen i'r frwydr. Yn wir, mae canu emynau wedi bod yn gyfrwng pwerus i fynegi a dehongli profiadau gwahanol nid yn unig yn ein perthynas â'r ysbryd hwn sydd yn ein cynnal ac a addolwn ond yn ein hymwneud â bywyd fel mewn torf gêm rygbi.

Peth braf yw medru torri allan i ganu fel a ddigwyddodd yn y stadiwm rygbi. Mae clywed rhywun yn hymian a chwibanu wrth weithio yn cyfleu llawenydd a llonder. Pan oedd y Cristnogion cynnar yn wynebu poenydio – eu llosgi a'u croeshoelio – byddent yn canu ac roedd hyn yn rhoi hwb iddynt ymlaen. Ni allai'r gelynion ddeall y peth.

Gyda cherddoriaeth gwelir bod tri pherson mewn perthynas â'i gilydd:

1. Y cyfansoddwr a ysbrydolwyd i gyfansoddi'r gân;
2. Y perfformiwr sy'n dehongli'r gân;
3. A'r gwrandäwr sy'n cael boddhad o wrando.

Mae'r tri mewn gwahanol ffyrdd yn cael nerth a mwynhad. Gall cân neu emyn fod yn gyfrwng i fynegi'r awydd sydd ynom am newid bywyd. Ond, ac efallai yn fwy dansierus o lawer, gall hefyd newid pethau. Ac onid dyna hefyd lle mae'r gorfoledd?

21 Mawrth 2005

Nofio

Odych chi yn galler nofio? Doedd dim gwersi ysgol ar gael pan o'n i yn blentyn a digon hwyr yn y dydd oedd hi arnaf yn dysgu nofio – ro'n i bron yn 35 mlwydd oed. Mae hyn yn fy atgoffa i am y sylw abswrd a glywes rai blynyddoedd yn ôl am y fam honno yn dweud wrth ei phlant, 'Na, chewch chi ddim mynd yn agos at y dŵr nes eich bod chi yn dysgu nofio!'

Yn blentyn ro'n i yn dyheu sut gymaint i aller gwneud. Yno y byddwn yn eistedd ar y traeth a theimlo'n ddiflas am nad oedd siâp nofio arnaf. Ie, yn siomedig taw'r cyfan allwn ei wneud oedd bracso'n y dŵr bas neu badlo ar ymylon y môr.

Am oriau bûm yn gwylio pobl yn nofio; darllenais beth wmbreth o erthyglau sut i wneud a bues yn siarad â llawer oedd yn medru nofio gan wrando ar eu cynghorion a'u cyfarwyddiadau. Sylweddolais yn go sydyn taw'r ffordd iawn i ddysgu oedd, nid gwneud yr un o'r rheiny, ond mynd mewn i'r dŵr. Ie, yn eithaf syml, yr unig ffordd i ddysgu nofio oedd drwy nofio. Mae'n gwmws fel llawer o bethau eraill. Ddysgwch chi ddim sut i'w wneud oni bai eich bod yn bwrw ati i'w wneud e'.

Onid y ffordd orau i ddysgu sut i garu yw drwy garu ein gilydd?

Gyda llaw, un o'r pethau sydd yn allweddol os am lwyddo i fod yn nofiwr iawn yw ymarfer cyson, cael ffydd yn y broses ac wmbreth o ffydd yn y dŵr! Fel y gwela' i, onid felly y mae hi hefyd yn y broses o sefydlu cariad, heddwch a chyfiawnder yn ein bywydau a'r byd o'n cwmpas? Ffydd yn y broses.

23 Mawrth 2017

Idwal Jones

Mae stiwdio'r BBC yn Llanbed wedi ei lleoli ar gampws Prifysgol Dewi Sant. Wrth y fynedfa i un o'r meysydd parcio mae yna dŷ, ac ar ei dalcen gwelir plac i nodi taw yno roedd cartref gŵr anghyffredin, sef Idwal Jones a fu farw 30 mlynedd yn ôl. Dyma ŵr annwyl a dawnus tu hwnt a gyfrannodd shwd gymaint i ddiwylliant ein gwlad drwy gyfrwng difyrrwch a hiwmor o dan y teitl bachog 'Idwaldod'. Un o'i gampweithiau oedd y ddrama afaelgar *Pobl yr Ymylon* lle mae'r cymeriadau'n cael eu rhannu'n ddwy garfan: y rhai parchus derbyniol a'r lleill, sef pobl sydd ar ymylon cymdeithas ac sydd wedi blino ar barchusrwydd, fel Malachi Jones a'i dad oedd yn 'canu emynau Pantycelyn wrth ladrata ffowls'.

Dangosodd Idwal Jones gydymdeimlad â phob math o drueiniaid gan ddefnyddio digrifwch i ddangos difrifoldeb a geiriau llym i fyrstio sawl bladren megis ariangarwch, rhagrith a pharchusrwydd.

Roedd Idwal Jones yn hynod o effeithiol yn y ffordd y llwyddodd i ddenu cydymdeimlad llawn a llwyr tuag at y bobl sydd ar ymylon cymdeithas. Mae cymaint o'r rheiny heddiw yn dibynnu ar ein cydymdeimlad.

Y gyfrinach yw troi'r cydymdeimlad yn weithredu effeithiol. Mae'r gallu gan rai i wneud hynny fel y dangosodd Idwal Jones – dim ond i ni wneud fel y gwnaeth yntau, sef ymarfer y grefft.

24 Mawrth 1997

Cydwybod

Rwy'n gobeithio bod y rhan fwyaf ohonoch wedi llwyddo i gael rhywfaint o gwsg neithiwr – a gwyn ein byd pan mae cwsg yn gysurus, bendithiol a buddiol.

Mae 'na bethau sydd yn ein cadw ar ddihun – sŵn, salwch, siom, surni neu syniadau a gofidiau – gall y rhain wneud i ni droi a throsi.

Cydwybod poenus – dyna i chi beth sy'n galler ein cadw ni ar ddihun a'n gwneud mor aflonydd fel nad yw Siôn Cwsg yn medru gafael. Ond, yn ogystal â bod yn beth negyddol, gall cydwybod hefyd ein hysgogi i wneud pethau a chymeryd safiad.

Heddiw yng ngharchar Wandsworth yn Llundain mae'r offeiriad Catholig y Tad Martin Newell sy'n 46 oed. Fe'i carcharwyd ddeng niwrnod yn ôl am 28 diwrnod am wrthod talu dirwyon gwerth £565.00. Dyna'r gosb a gafodd o ganlyniad i'w weithgarwch dros heddwch a'i brotestiadau yn erbyn rhyfeloedd yn Afghanistan ac Irac yn ogystal ag yn erbyn arfau niwclear trident a'r defnydd o'r *drones* arfog.

Mynnodd bod ei ffydd yn arwain ei gydwybod ac na allai dalu'r dirwyon am fod yr Iesu wedi ei ddysgu sut i wrthsefyll drygioni – nid gyda thrais ond yn hytrach drwy weithgarwch cadarn di-drais a chariad. Fe ddaw allan o garchar a bydd yn parhau i weithio i helpu'r ffoaduriaid digartref yn Llundain cyn cychwyn ymhen wythnosau i wneud gwaith tebyg yn Birmingham.

Wrth gysgu y'n ni gyd ar yr un lefel – 'dwy'n mentro dweud hefyd nad oes dim dyhead ynom bryd hynny i gasáu, nac i ryfela. Pan ydym ynghwsg, byddwn yn hoffi meddwl bod rhythm tawel y bydysawd yn creu y fath gytgord fel na fydd arnom awydd dial na dal dig. Wedi deffro, trueni na all hynny barhau!

25 Mawrth 2014

Wedi Sul y Mamau

Mi gafodd llawer i fam ddiwrnod wrth eu boddau ddoe. Yn ôl a ddeallaf mae'r diwrnod wedi ei glustnodi ers yr unfed ganrif ar bymtheg. Mae wastad yn disgyn ar bedwerydd Sul y Grawys, sef y dydd Sul sydd ganol ffordd rhwng dechrau'r Grawys a Sul y Pasg. Dywedir fod ganddo gysylltiad â dau arfer gwahanol. Byddai gweision a morynion yn cael hawl gan eu meistri i ddychwelyd adref am y dydd i weld eu mamau gan fynd â chacen iddynt. Bedwar can mlynedd yn ôl byddai pobl yn enwedig mewn ardaloedd gwledig yn mynd i'r fam eglwys i dorri rhywfaint ar y cyfnod o ymwrthod â bwyd yn ystod tymor y Grawys. Daeth yn wyliau swyddogol yn y ganrif ddiwethaf.

Mae'n ymddangos taw dim ond unwaith yn unig yn y Beibl y mae Duw yn cael ei gymharu â mam. Rhai gwrywaidd yw'r darluniau sydd yn cael eu creu yn ein meddyliau am Dduw – Tad, Barnwr, Brenin, Gŵr – byth yn fenywaidd, ond unwaith yn unig yn fam.

Mae'r gyffelybiaeth honno i fam yn un awgrymog ac arwyddocaol iawn. Yn Eseia dywedir bod Duw yn diddanu fel mae mam yn diddanu ei phlant. Dyma gymhariaeth sydd yn rhoi awgrym emosiynol cryf o beth yw rhinweddau mam. Mamau yn diddanu plant drwy eu cysuro, eu hamddiffyn, a'u harfogi i wynebu brwydrau bywyd; yn rhoi sicrwydd iddynt.

Unwaith y bydd y tywydd yn cynhesu rhywfaint bydd y garddwyr yn dechrau paratoi'r tir a bydd pob garddwr da yn gwybod fod rhai planhigion mor dyner fel y bydd angen rhywbeth i'w dal hyd nes byddant wedi cryfhau digon a gwreiddio'n ddwfn i fedru sefyll ar eu traed eu hunain.

Mae bywydau plant yn debyg iawn gan eu bod angen sicrwydd a chefnogaeth a gwreiddyn. Ond wedyn dyma lle daw'r glo mân i fewn – mae hyn yn bwysig – gellir gwneud anghymwynas o'r mwyaf os nad yw'r gofal a'r ymgeledd yn cael ei lacio a'i raddol ddatod fel y gall y plentyn gamu ymlaen yn naturiol i aeddfedrwydd cyfrifol. Gall peidio gwneud hynny greu cymhlethdodau pellach. Onid oes perygl o fod yn rhy famol?

Pan ddaw mam i sylweddoli fod bywyd yn symud ymlaen, dyna hefyd pryd y gwneir y gymwynas orau â phob plentyn. Datod y cwlwme a symud.

Peidiwch â becso – bydd y cardiau, y blodau a'r siocledi yn dal i gyrraedd yr un peth.

27 Mawrth 2006

Wyau Pasg

Dros y pythefnos diwethaf mae yna sawl bocs Wyau Pasg wedi cyrraedd ein tŷ ni. Nawr, pan o'n i yn blentyn yr arfer oedd peidio â'u bwyta tan ddydd Sul neu ddydd Llun y Pasg, ac mae'r ddwy ferch yn y tŷ 'co wedi hen 'laru arnaf yn dweud taw fel'ny oedd pethau 'slawer dydd. Fel y gallwch ddychmygu, siŵr o fod, mae nifer o'r bocsys yn wag a hynny ymhell cyn y Pasg ei hun.

Ond wedyn, falle mai nhw sy'n iawn. Nid blodau tlws, na chwningod bach pert, na bocsys llawn Wyau Pasg yw un o sylfeini'r Ffydd Gristnogol. Un o'r mannau cychwyn yw bedd gwag. Ar ddydd Llun y Pasg efallai fod y bocsys gwag yn symbol cywirach.

Mae yna sawl dehongliad gwahanol wedi cael eu gwneud er mwyn ceisio egluro digwyddiad rhyfeddol y bedd gwag. Dywed rhai i'r disgyblion ddwyn y corff a'i guddio, neu i filwyr Rhufeinig neu Iddewig symud y corff rhag i'r lle ddod yn fangre merthyr, tra bod eraill wrth gwrs yn dweud iddynt weld yr Iesu ar ei newydd wedd.

Dywed eraill mai symbol yw'r cyfan, neu ffrwyth dychymyg y disgyblion ynghyd â dyrnaid o'i ddilynwyr, a'i fod yn parhau yn fyw yn eu meddyliau a'u calonnau nhw. Wna' i ddim tafoli'r gwahanol ddehongliadau ond does neb yn honni bod y bedd yn llawn. Na, does neb yn ceisio gwadu nad oedd y bedd yn wag.

Daw'r lle gwag yn symbol o'r Ffydd Gristionogol;

absenoldeb yn bwysicach na phresenoldeb; peidio â bod yn gryfach na bodolaeth. Gyda'r darlun yma daw'r syniad bod gwagle yn bwysig ac nad yw'r byd mor syml â'r hyn a ddychmygwn.

O, y'n ni i gyd yn dymuno bywyd cyflawn a llewyrchus gan ddyheu am bob math o bethau gwahanol i lenwi ein bywydau. Buan iawn rydym ni'n gorfod dygymod â'r ffaith nad yw bywyd yn union fel y dymunem iddo fod, yn llawn i'r ymylon.

Os mai gwag yw'r bocsys Wyau Pasg y bore 'ma cofiwch am y dilynwyr cynnar oedd hefyd wedi cael eu gadael mewn gwagle. Pwy, yn wir, a feddyliai am y rhai oedd yn y fath ddryswch ac yn tystio i'r fath ofod, y gallent hwythau fod yn sylfaen i ffydd sydd yn medru llenwi bylchau?

28 Mawrth 2005

Tician y cloc

'Mae'r cloc yn tician'. Ie, sawl gwaith y'n ni wedi clywed y geiriau 'na dros y dyddiau diwethaf. Y penwythnos diwethaf fe wnaethom droi'r clociau ymlaen a bellach y'n ni wedi cyfarwyddo gyda'i oblygiadau.

Dyma ni ar ddiwrnod olaf ond un mis Mawrth. Naw mis i heddiw byddwn wedi dathlu'r Nadolig a bydd dydd Calan ar y gorwel. Er i Albert Einstein wneud pwyntiau rhyfeddol o ddiddorol yn dehongli perthnasedd amser, eto mynd ymlaen y mae e. Y'n ni'n gaeth iddo ac fe'i rhannwn yn dair rhan – ddoe, heddiw ac yfory.

Wrth heneiddio, mae'n mynd ynghynt o lawer, a'r tymhorau fel petaent yn newid yn gyflymach. Nid cropian na cherdded a wna'r blynyddoedd, ond rhedeg, os nad carlamu.

Mae gyda ni faterion yr oeddem am ddelio â nhw; rhyw ddigwyddiad yr oeddem am fod yn rhan ohono; rhywbeth roeddem am ei gyflawni, a ninnau heb wneud! Law yn llaw 'da hynny mae yna uchelgais neu ddyheadau heb eu gwireddu na'u cyflawni, a'r gwaith yn anorffenedig. A'r rheswm, neu'r esgus: 'sdim digon o amser!

Gyda gobeithion uchel, addunedau dilys a dyheadau diffuant, bydd pob diwrnod newydd yn gyfle i'w gwireddu. Y drafferth yw, pan ddaw'r bore y'n ni yn ei gadael hi fanna. Y defnydd a wneir o'r diwrnod sy'n cyfrif.

Diflannu am byth i ddifancoll y gorffennol wna'r

misoedd a'r blynyddoedd. Mae gwastraffu amser yn gyfystyr â'i daflu i ffwrdd, ei ddifetha, ei ddifa a'i ddifrodi. Rhwng toriad gwawr a machlud haul ceir oriau o gyfleoedd. O fewn yr oriau hynny ceir 60 o funudau i wneud rhywbeth. Mae hynny'n gyffredin i ni i gyd.

Falle fod amser yn fwy arwyddocaol i mi heddiw gan ei bod yn ddiwrnod pen-blwydd a minnau wedi cyrraedd oedran arbennig. Adre nawr i gael maldod gan y teulu a chwilio am y llyfr pensiwn!

30 Mawrth 2017

Diwedd Mawrth

Rwy'n eithaf hoff o'r adeg yma o'r flwyddyn – ac nid yn unig am fy mod wedi cael fy mhen-blwydd ddoe. Mae 'na elfen o ddeuoliaeth eithafol sy'n creu cyffro, ac mae'r newid sydyn yn medru bod yn drawiadol. Y bore 'ma, fel bore ddoe, y'n ni'n dal i geisio ymdopi gyda'r awr newydd wedi i'r clociau gael eu troi ymlaen nos Sadwrn. Ym myd natur bydd pethau'n newid yn hynod o glou. Mae'r tir yn cael ei drin wrth fwrw ati i baratoi gerddi a phlannu hadau yn y caeau.

Hyd yma mae tymor trwmgwsg y gaeaf wedi llusgo'n bwyllog fel malwoden smala tuag at ddeffroad araf y gwanwyn. Ond o hyn ymlaen bydd yn brasgamu'n fuan gydag ambell i sbonc a naid wrth weld y newidiadau sydyn.

Y noson o'r blaen bûm yn darllen llyfr yn gwerthfawrogi cyfraniad a bywyd gonest a di-ildio Marie James o Langeitho. Un o'i brawddegau bachog sydd wedi ei gofnodi yn y llyfr yw 'mae angen bod yn siarp weithiau', a hynny gan wraig annwyl ag eithriadol o garedig.

Ystyriwch y gwahaniaeth sydd yna rhwng Gwener y Groglith a Llun y Pasg. Mae'r darlun du trist yn troi yn ddisgleirdeb gobeithiol o fywyd newydd. Golau yn gorchfygu tywyllwch, a marwolaeth yn cynnig bywyd. Symbol sarrug llym y Groes yn troi'n arwydd o fuddugoliaeth. Digwyddodd y gerwindeb hyn mewn gardd.

Gallwn ni ddifetha a sbwylio a sarnu bywyd gydag aml

i groes hagr. Ar y llaw arall ceir cyfleoedd i blannu gerddi ymysg anialwch a thir sydd wedi ei ddifrodi a'i ddinistrio. Heddiw mae gwledydd cyfoethog yn gwneud elw drwy werthu arfau dinistriol a dieflig i wledydd tlawd – meddyliwch mor wahanol fyddai pethau pe baen nhw ond yn gwerthu bwyd, meddyginiaeth ac adnoddau i'w cynorthwyo i gryfhau.

Onid allan o galedwch bywyd y daw elfennau hyfryd yr ardd i'r golwg? Mi fyddaf yn aml yn ei chael yn anodd amgyffred sut mae rhai sydd wedi dioddef cymaint mewn bywyd wedi cyflawni shwt gymaint: o'u poen a'u dolur, yn llwyddo i dynnu'r tannau sydd yn y diwedd yn llwyddo i greu cerddoriaeth. Mae gwir brofiadau bywyd i'w gweld gan gymeriadau sydd wedi'u moldio am iddynt gario'r groes.

Adeg galar daw cydymdeimlad. Adeg cyni daw cymorth. Yma yn Nyffryn Teifi mae hanesion am bobl a brofodd galedwch a gormes, ond allan ohono daeth brawdgarwch a chwaeroliaeth. Daeth hefyd ruddin cymeriad a pharodrwydd i gydio yn nwylo ei gilydd i wrthsefyll anawsterau.

Weithiau bydd elfen o gyffro yn ein symbylu. Gall hynny arwain at ysgogi ac aflonyddu. Bryd hynny bydd pethau'n symud ac efallai y daw yna newid. Mae hyn mor briodol adeg tymor y *spring-clean* gan ei fod yn gyfle i gael gwared o'r gwe cop o'r corneli pell.

31 Mawrth 1997

Duw hwyl a hiwmor

A hithau'n 1af o Ebrill heddiw, trwy'r bore tan deuddeg o'r gloch amser cinio byddwn ar wyliadwriaeth rhag cael ein dal gan dric neu jôc Ffŵl Ebrill. Ers canrifoedd dyma ddiwrnod sydd wedi ei ddathlu yma, fel yn Seland Newydd, Awstralia, a De Affrica. 'Sneb yn siŵr lle tarddodd yr arfer ond mae'n dyddio'n ôl i gyfnod cynnar iawn – ac mae iddo gysylltiad â'r hwyl a'r miri oedd yn rhan o hen ddathliadau y Gyhydnos a dechrau'r gwanwyn.

Roedd Lleu, duw haul y Celtiaid, hefyd yn dduw hwyl a hiwmor. Roedd Gŵyl y Gyhydnos yn niwedd mis Mawrth pan fyddai oriau'r dydd a'r nos yr un hyd. Dyma arwydd fod yr haul a'r haf oedd ar fin cyrraedd wedi trechu'r gaeaf a'i dywyllwch. Yn niwedd y bedwaredd ganrif ar ddeg ceir un o'r cyfeiriadau cynharaf a gofnodwyd am Ffŵl Ebrill, a hynny yng ngwaith Chaucer yn y 'Canterbury Tales'. Nid yw'n ddydd gwyliau swyddogol, ond mae'n cael ei gydnabod fel dydd i oddef jôcs braidd yn ddiniwed – jôcs hwyliog, doniol, triciau ymarferol i'w chware ar ffrindiau, aelodau o'r teulu, athrawon, cymdogion a chydweithwyr, ac ati.

Yng ngwledydd eraill Ewrop fel Iwerddon, yr Almaen, Ffrainc, yr Eidal, yr Iseldiroedd, a rhai pellach megis De Corea, Japan, Rwsia, Brasil, Canada a'r Unol Daleithiau, mae'r jôcs yn parhau drwy'r dydd. Chi'n cofio'r eitem flynyddoedd yn ôl ar Panorama am sbageti yn tyfu ar goed yn y Swistir? Ar hyd y blynyddoedd chwaraeodd y cyfaill Sulwyn Thomas sawl tric Ffŵl Ebrill ar wrandawyr y Stondin, on'd do fe? Bydd papurau newydd yn rhedeg stori Ffŵl Ebrill. Ac wrth ddarllen yn ein papurau heddiw oni fyddai'n braf medru dweud am lawer o'r newyddion gwael sydd ynddynt mai jôc y'n nhw wedi'r cyfan?

Mae ffrindiau da bob amser yno pan fyddwn yn drist ac yn ein cynnal pan fyddwn mewn trafferthion; ie, pan fydd hi'n dywyll arnom. Ond mae gen i – a chithau siŵr o fod – ffrindiau sy'n mwynhau chwerthin a rhannu jôc.

Mae Dewi Pws wedi dweud wrthyf nifer o weithiau wrth deithio gyda'n gilydd yn y car i fynychu gwasanaethau yng nghapel Cribyn, taw un o'i bwrpasau tra'n byw ar y ddaear yw ceisio gwneud i eraill deimlo'n hapus. Oes, mae cenhadaeth bwysig i bob comedïwr. Nod ac amcan anrhydeddus sydd gan bob clown a digrifwr sef gwneud i bobl chwerthin a llawenhau.

Ar ddydd Ffŵl Ebrill beth am fynd ati i feddwl am ffyrdd i ddod â hwyl i'n byd a gwneud eraill yn hapus? Daliwch i wenu – falle daw e yn getshin.

1 Ebrill 2011

Y Pasg

Daw adeg y Pasg, fel y Nadolig, ag agweddau heriol i'r amlwg sydd ar adegau yn anodd tu hwnt. Cofiwn am Iddew dewr, radical a lofruddiwyd gan Rufeiniaid oedd wedi meddiannu'r wlad.

Mae'r adroddiadau'n amrywio o ran beth yn union a ddigwyddodd ar y Pasg ond sdim dwywaith fod bywydau wedi eu trawsnewid. Arddelwyd ffydd, oedd nid yn gymaint yn gred, ond yn ymrwymiad.

Ar noson y bradychu, y gwragedd yn unig a arhosodd tra gwnaeth y disgyblion redeg i ffwrdd, ond digwyddodd rhywbeth – cawsant eu gweddnewid o fod yn wan ac yn ofnus i fod yn gryf a gwrol.

I mi, nid yn gymaint a wnaeth yr Iesu atgyfodi neu beidio sydd yn bwysig, ond yr hyn a ddigwyddodd wedyn, sef bod pobl yn barod i adael popeth a'i ddilyn ac ymrwymo i ffordd newydd o fyw.

Wedi'r cwbl, onid yr hyn sy'n cyfrif yw bod dysgeidiaeth yr Iesu wedi goroesi'r canrifoedd gan ysbrydoli cymaint i ddilyn ei esiampl a byw bywyd gwell? Onid yn fanna rhywle mae'r gwir atgyfodiad – sef yr elfen gadarnhaol o gychwyn cymuned o gariad a gweithio'n ddyfal a pharhaol?

Mae'r Pasg yn ein hatgoffa y gall pethau fod yn wahanol a hynny oherwydd dylanwad yr Iesu. Cawn ein hatgoffa hefyd y gall yr atgyfodiad ddigwydd i ninnau.

Dyma gyfle i fynegi gwerthfawrogiad am fod ei ddysgeidiaeth a'i esiampl yn dal yn fyw.

Do, fe gynhaliwyd grŵp o bobl yn y gred fod llawenydd i'w ddarganfod wrth i bobl rannu rhoddion bywyd. Cafodd ei ddilynwyr fywyd newydd yn y gred nad oes ffordd well na hyn i'w chael mewn bywyd.

Onid yw'r Pasg a'r Atgyfodiad yn fwy i wneud ag ymuno mewn cymdeithas o bobl sydd yn barod i fod yn ddewr gan arddel ffordd cariad? Gobeithio y gwnawn ni heddiw chwilio am ffyrdd i wneud hynny.

6 Ebrill 2015

Dal pêl

Y dydd o'r blaen mi roedd y ddwy ferch allan yng nghefn y tŷ yn taflu pêl 'nôl ac ymlaen i'w gilydd. Wedi i un ei dal, roedd wedyn yn ei thaflu'n ôl yn eithaf sydyn at y llall. Roedd y gêm yn mynd ymlaen yn hynod hwylus a'r ddwy'n cadw yn driw at y rheolau. O dipyn i beth dechreuodd un ddiflasu ar y chwarae. Digiodd y llall a rhoi cerydd am nad oedd wedi dal y bêl. 'Sdim rhaid i fi ddal y bêl bob tro,' meddai, gan adael iddi fownsio i'r llawr a rolio bant. Na, doedd y chwarae ddim wedi troi'n chwerw, ond roedd yn sicr wedi dod i ben.

Fe ddarllenais rywbeth go ddiddorol sbel yn ôl yn dweud ei bod yn werth cofio nad oes rhaid i ninnau chwaith ddal pob pêl sy'n cael ei thaflu i'n cyfeiriad. Mae'r brwydrau mewnol hynny y'n ni'n gorfod eu hwynebu yn deillio o'r tuedd sydd ynom i ddal pob pêl. Ac o'i dal rhaid gwneud rhywbeth wedyn. Dweud oedd yr erthygl y byddai, o bryd i'w gilydd, yn llesol gadael i ambell un ddisgyn i'r llawr – un ffordd mae'n debyg o leihau pwysau a stress. Sdim rhaid cymeryd rhan bob tro. Mi roedd yr erthygl yn un pryfoclyd o ddiddorol.

Ond beth sy'n digwydd os nad y'n ni yn dal y bêl o gwbl? Tristwch bywyd yw bod cymaint yn pallu dal y bêl, neu yn amharod i gymeryd cyfrifoldeb.

Wedyn, os yw'r heddwch i barhau yn Ngogledd Iwerddon yna mae'n rhaid i'r ddwy ochr adael i ambell i hen bêl ddisgyn. Y gyfrinach mae'n siŵr yw gwybod pryd mae peidio dal y bêl a gadael iddi fownsio bant. Mor aml y byddwn yn cael ein dolurio a'n hyrto wrth glywed geiriau beirniadol. Onid gwell fyddai peidio dal y bêl yn y lle cyntaf fel na chawn ein brifo?

Taflwyd pêl rhyfela gan un, gwnaeth un arall ei dal, a'r canlyniad yw bod ynghanol cyflafan brwydro. Mae llawer ohonom yn dal i ddweud cymaint gwell fyddai gadael i'r bêl honno fownsio bant i arbed yr anafu a'r lladd.

Mewn cynifer o faterion, mae'r syniad o beidio dal y bêl yn y lle cyntaf yn un sydd yn werth ei ystyried. Falle y down i'r casgliad ein bod nid yn unig yn dal gormod, ond hefyd, ar yr un pryd yn gorfod jyglo gyda gormod. Mewn syrcas, y clown, wedi'r cyfan, yw'r un sydd yn jyglo.

8 Ebrill 2003

Bwystfilod

Daeth dau berson wyneb yn wyneb â llew oedd wedi dianc o'r sw. Dyma'r anifail yn cynddeiriogi a dechrau rhedeg ar eu hôl. Wrth i'r bwlch agosáu, medde un wrth y llall, 'Allwn ni byth redeg ynghynt na'r llew.'

Atebodd y llall, 'So'i yn becso – achos fe allaf i redeg ynghynt na thi.'

Os yw hwnna wedi codi gwên mae'n bosib fod 'na elfen o wirionedd creulon y tu fewn i ni i gyd, sydd ddim bob amser yn amlwg, sef yr ysfa i ennill y blaen ar eraill; o eisiau dyrchafiad o flaen cydweithwyr i fwy o fananas yn cael eu gwerthu yn ein siop ni na'r un lawr y stryd. Ie, ennill y blaen doed a ddelo. Drwy osod labeli gwahanol arno yna fe lwyddwn i guddio'r elfennau cas a chreulon a berthyn iddo!

Mae'r bwystfilod sy'n ein cwrso a cheisio'n dal yn rhai amrywiol tu hwnt – newyn, tlodi, trallod a marwolaeth. Dyma fygythiadau na ddiflanna byth. Mae'r dyhead i osgoi'r bwystfilod yn creu ynom awydd cryf a chadarn i oroesi ac eto drwy hynny mae perygl i ni droi'n ffyrnig o hunanol. Y gri gyfarwydd yw 'Pawb drosto'i hunan', a'r hyn sy'n anodd yw gwybod 'faint yw digon'.

Fel mewn ardaloedd eraill, mae tynged busnesau teuluol yma yn Llanbed a ffawd ffermwyr yn Nyffryn Teifi yn ddibynnol ar fympwyon ac anwadalwch marchnad rydd a buddsoddwyr ariannol. Ond ar lefel ryngwladol, oni wneir y cystadlu ar ein rhan gan lywodraethau, cwmnïau rhyngwladol a chronfeydd pensiynau sy'n creu unffurfiaeth ac yn arwain at globaleiddio?

Bydd tiroedd ac awyr yn cael eu difwyno a'r trigolion yn dioddef; eto y perygl yw credu y gallwn anwybyddu hyn i gyd dim ond i ni redeg ynghynt. Ond wneith y mater ddim diflannu – fel y llew sy'n dal i redeg ar ein hôl!

13 *Ebrill* 2015

Bore oer

Sut dywydd yw hi gyda chi y bore 'ma? Gall y tywydd fod yn gyfnewidiol iawn ac fe all hynny effeithio ar ein hwyliau, ein meddwl a'n hagweddau, ac yn y pen draw, effeithio ar y ffordd y byddwn yn ymateb i wahanol sefyllfaoedd.

Ar ddiwrnod braf heulog ffres yn y gwanwyn bydd gyda ni awch at fywyd. Cyn dechrau ar unrhyw orchwyl ar ddiwrnod felly byddwn yn teimlo'n bur hyderus ac yn ffyddiog bod popeth a wnawn yn mynd i lwyddo. Does dim yn mynd i fethu na chwaith yn mynd i'n rhwystro am fod popeth yn mynd i fod o'n plaid.

Ond wedyn ar ddiwrnod arall, gwahanol, diwrnod o wynt neu o gawodydd gwyllt o law, byddwn yn teimlo'n fwy trafferthus o lawer ac yn cael ein cyfyngu a'n caethiwo gan bob math o rwymiadau tynn. Yr adeg honno bydd gennym y teimlad dychrynllyd o ddiflas cyn dechrau nad oes dim yn mynd i weithio allan am fod popeth yn ein herbyn.

Mae llwyddiant neu fethiant cynifer o bethau yn dibynnu gymaint ar agwedd meddwl ac a oes gyda ni'r dewrder neu a ydym yn ofnus; a ydym wedi colli'r ysbryd neu a ydym yn ffyddiog. Yn ein calendr ni mae digwyddiadau'r penwythnos nesaf yn ddarlun sy'n crynhoi'r peth mewn tridiau.

Cymerwch Ddydd Gwener y Croglith – diwrnod o ofid,

tristwch a phoen gyda dagrau a thrallod ynghyd â'r teimlad o fethiant llwyr ac anobaith. Diwrnod digalon iawn. Ond wedyn nid yw'r cyfan yn cwpla fanna. Daw'r diwrnod canlynol i ddilyn yn gyflym. Mae'n dangos nad yw'r diflastod yn rhywbeth sydd yn parhau. Daw y dydd canlynol.

Drwy gydol yr wythnos wrth baratoi at y Croglith rydym yn gwybod am y dyddiau sydd i ddilyn gan y Pasg. Diwrnodau o lawenydd, hyder a gobaith.

Mae dyfodol ein byd yn gorwedd ar ysgwyddau'r rheiny sy'n caniatáu i'r gobaith hwnnw droi yn hyder. Yr un gobaith sydd yn caniatáu i ni fod ar drugaredd y tywydd cyfnewidiol beth bynnag yw'r rhagolygon, boed hindda neu ddrycin.

15 Ebrill 1992

Adeiladu a chwalu

Pan o'n i'n blentyn ro'n i'n edrych ymlaen yn fawr i gael set o fecano. Anghofia'i byth y balchder a'r llawenydd ryw fore Nadolig o weld y bocs wrth droed y goeden. Roedd hyn ymhell cyn dyddiau'r *Lego*, y *Duplo* a'r *K'nex* sy' heddi'n rhan o fyd teganau plant. Dros rai dyddiau fe ges dipyn o hwyl yn gwneud pethau gwahanol allan o'r *mecano*. Ond och a gwae! Dyma blentyn arall yn galw heibio. Chwalodd yn chwilfriw yr hyn roeddwn wedi hala cymaint o amser i'w osod at ei gilydd. Diflannodd yn syth bob breuddwyd am fod yn bensaer, pob dyhead i fod yn beiriannydd, ac fe barhaodd y siom am gyfnod maith. Siom o weld y dinistrio a'r chwalu.

Yn ystod y blynyddoedd diwethaf 'ma y'n ni wedi gweld llawer iawn o ddinistrio a difetha a hynny mewn chwinciad wrth weld bomio a rhyfeloedd ledled y byd. Bomio a arweiniodd at ysbeilio, sathru a sarnu creiriau hanesyddol oedd yn dyddio yn ôl filoedd ar filoedd o flynyddoedd cyn Oed Crist. Dinistrio creiriau nad oedd modd eu prisio na gosod gwerth arnynt.

Mae'n hawdd dinistrio ond mater arall yw creu. Hawdd dymchwel ond stori wahanol iawn yw ceisio adeiladu. Hawdd distrywio ond mater arall yw codi. A dyna un rheswm pam nad wyf yn medru gweld unrhyw ddaioni mewn rhyfela.

Ond wedyn nid dim ond rhyfela sydd yn dinistrio,

nage? Nid dim ond grym y dwrn, nerth y dryll a phŵer y bom sydd yn medru difrodi. Yn aml mae edrychiad yn ddigon. Rhywbeth negyddol iawn yw gwgu, tra bo gwên yn adeiladol. Y'n ni'n gwybod wedyn fel y mae gair angharedig yn hawdd iawn yn medru dinistrio perthynas, difetha dealltwriaeth a dileu cysylltiadau. Byddai'n werth twt-twtian o weld y pethau hynny hefyd, yn enwedig o gofio fel mae geiriau tosturiol a chydymdeimladol yn medru bod mor ystyriol a thrugarog.

Beth am chwilio am eiriau felly yn ystod y dydd heddiw? Hwyrach, o'u defnyddio, y byddwn yn llwyddo i wneud bywydau eraill yn llawnach. Efallai hefyd y gwnawn brofi yr union fath o deimladau ein hunain. Pwy a ŵyr, mae'n werth treio, fel y gwnes innau flynyddoedd yn ôl adeiladu rhywbeth gwerth chweil gyda'r *mecano*. Wir i chi, roedd yn werth ei weld nes daeth rhywun heibio a'i sarnu.

Beth am ei dreio fe jyst am unwaith!

15 Ebrill 2003

Dwyn hunaniaeth

Mae angen i mi ymddiheuro i lawer o bobl. Ers wythnosau mae nifer wedi derbyn e-bost oddi wrtha'i yn gofyn iddynt fod yn ffrind i mi, inni fedru sgwrsio â'n gilydd. Chwarae teg, mae rhai wedi ateb – a dylwn fod yn ddiolchgar! 'Dwy wrth fy modd gyda'r we – mae'n ffordd hwylus i gysylltu â'n gilydd. Ond mae iddi ei hochr negyddol. 'Dwy erioed wedi danfon neges o'r fath at unrhyw berson, 'dwy ddim chwaith am gymeryd rhan mewn llinellau sgwrsio. Gwendid arall y we yw ei bod yn cael ei defnyddio fel cyfrwng i geisio dwyn manylion personol – bu bron i mi gael fy nal tua blwyddyn yn ôl wrth i rywrai geisio cymeryd fy hunaniaeth. Cawn ein rhybuddio i fod yn wyliadwrus rhag 'identity theft'.

Tim Berners-Lee yw'r gŵr sydd yn cael ei gydnabod fel yr un a ddyfeisiodd y we fyd eang. Cafodd ei eni yn Llundain ym Mehefin 1955. Graddiodd mewn Ffiseg o Rydychen yn 1976 ac ym mis Mawrth 1989 gwnaeth ei gynigion cyntaf i sefydlu'r we. Mae'n ŵr galluog iawn.

Rwy'n falch dweud fod gan y ddau ohonom un peth yn gyffredin – yn sicr nid ein gallu meddyliol, ond ein crefydd. Cafodd fagwraeth grefyddol a'i gonffyrmio yn Eglwys Loegr yn ystod ei arddegau, ond gadawodd yn weddol fuan. Dwedwyd wrtho am gredu pethau na fedrai eu credu. Roedd am ryddid i feddwl drosto'i hunan. Falle y gellir dweud nad oedd am oddef rhyw fath o 'identity theft'

Yn ddiweddarach ymunodd â'r Undodiaid yn Boston, America lle mae'n dal i addoli – doedd dim i gaethiwo'i feddwl gan fod anogaeth yno i chwilio a darganfod syniadau. Cofiwch, dyw e' erioed wedi dweud taw fe sydd yn iawn a bod eraill, sydd â meddwl gwahanol, yn anghywir. Profodd oddefgarwch a'r rhyddid i'w alluogi i chwilio a datblygu. Cafodd gyfle i ddehongli a thyfu.

Yn dechrau heddiw yn Abertawe mae Cynhadledd Flynyddol ein henwad, gan ymweld â Chymru am y pedwerydd tro yn ei hanes. Bydd 'na drafod a rhannu syniadau gyda'r un egwyddor o ryddid ar waith – rhyddid i feddwl, rhyddid i chwilio, rhyddid i gredu heb gyfyngiadau yn cydio'n y meddwl na ffiniau dogmâu yn gafael yn yr enaid wrth ei ddal yn ffrâm credo.

Onid yw hynna y debyg i'r we fyd eang? O'i arfer yn iawn 'sdim problem. Pan mae'n cael ei ddefnyddio i geisio dwyn hunaniaeth, onid dyna'r adeg y daw anawsterau?

15 Ebrill 2011

Tymor wyna

Dyna chi le sy'n cyffwrdd â chalonnau llawer ohonom yw'r ward genedigaethau mewn ysbyty. Daw emosiynau gwahanol i'r wyneb ac fe grëir argraffiadau dwfn wrth wylio'r bwndeli bach o fywydau newydd. Mae tymor wyna yn tynnu at ei derfyn, ac eleni eto, 'dwy wedi clywed aml i ffermwr yn dweud fel mae'r galon yn cynhesu, yr emosiwn yn dyfnhau ac ambell i ddeigryn yn llifo wrth weld y bychan byw yn dechrau taith newydd.

Peth arall wedyn yw'r pleser a'r hwyl, neu'r gofid a'r boen, a ddaw wrth roi help ymlaen i'r bychan dyfu, cryfhau a sefyll ar ei draed.

Ddydd Sadwrn fe fues i mewn man geni – yn wir roedd yno faner anferth yn nodi taw dyna lle roeddwn – man geni, ond man geni rhywbeth go arbennig. Mi es i Langennech i weld plac yn cael ei ddadorchuddio ar dŷ a fu yn gartref i Eileen a Trefor Beasley. Medd y faner fawr, 'Dyma fan geni brwydr yr iaith' – ac mor wir y geiriau. Roedd dros 200 o bobl yn bresennol yn cofio, ac ambell un yn cywilyddio am y modd y cafodd y teulu yma eu trin rhwng 1952 a 1960.

Ro'n i'n sefyll yn y cefn, ac o ganlyniad methais â chlywed na deall pob un siaradwr – ond nid dyna oedd yn bwysig. O ran hynny dyw hi byth yn hawdd deall sgrech baban newydd anedig chwaith, on'd nad yw hi?

Bod yno i sawru'r awyrgylch oedd yn cyfrif, a bod yn ymwybodol o leoliad magwraeth y frwydr. Digon tebyg i edrych ar fywyd newydd ar ward babanod.

Fel y dwedodd mwy nag un siaradwr – mae'r angen am y frwydr yn parhau ac mae'n dal angen gofal a chymorth. Beth am ei helpu i dyfu?

20 Ebrill 2014

Dos o annwyd

Cefais ddos ysgafn o annwyd yr wythnos diwethaf. Er gwaetha'r grwgnach a'r achwyn a rhyw deimladau cryf o hunandosturi, yn ogystal â bod rhywfaint yn fibis, tuedd llawer oedd anwybyddu fy nghwynion achos, wedi'r cyfan, 'dim ond pwl bach o annwyd yw e'.

Onid oes yna ambell i bwl bach o annwyd yn medru taro ein byd crefyddol ni o bryd i'w gilydd? Eto, amharod iawn fydd pobl i wrando ar y cwynion. Ai tybed oherwydd ein bod ni wedi achwyn gormod y mae hyn wedi digwydd wrth inni gyfleu'r argraff o fod yn achwynwyr llawn amser?

Pan fyddwn o dan ddos o annwyd does dim llawer o awydd gwneud fawr ddim byd. Byddwn yn ddi-hwyl gan fethu gweld pethau'n glir o gwbl. Mae gallu'r corff i wrthsefyll afiechydon eraill yn isel. Does dim angen gormod o ddychymyg i weld bod hyn yn cymharu'n agos iawn gyda bywyd crefyddol. Bydd yn well gyda ni yn aml gadw draw oddi wrth y rheiny sydd yn dioddef gan annwyd. Nid yn unig y mae pobl yn cadw draw o'r gwasanaethau ond yn anffodus hefyd mae enwadau yn cadw pellter oddi wrth ei gilydd. Maent yn amharod i glosio wrth i athrawiaethau a dogmâu ein cadw ar wahân.

Er ein bod wedi dysgu'r ffordd i hedfan, a hynny i ben draw'r byd, eto digon anodd yw hi i groesi stepen drws y capel arall yn y gymdogaeth. Gallwn godi adeiladau ysblennydd ond byddwn yn ei chael yn anodd rhannu ein cartrefi ysbrydol ein gilydd. Er dymchwel Mur Berlin mae muriau enwadol yn parhau i'n gwahanu.

Odi, mae annwyd yn 'getshin' – mwyaf anwydog y'n ni yn ein crefydd cyflyma yn y byd y daw eraill i ddal yr un afiechyd o gwyno a diflasu. Cofiwch, mi all dos trwm o annwyd hala amser hir i glirio.

Pan o'n i yn grwt ysgol mi roedd bachan yn byw nepell o'n tŷ ni; unwaith y byddai'n teimlo fod dos o annwyd yn dod ymlaen byddai'n bwrw iddi i wneud sesiwn go dda o ymarferiadau corfforol llym er mwyn chwysu'r drwg allan. Onid oes yna wers yn fanna? Yr eglwysi a'r capeli sydd yn fwrlwm o weithgarwch bywiog, y rhai sydd yn chwys drabŵd, yn egnïol wrth droi eu ffydd yn weithred byrlymus yn eu cymunedau a'u bröydd, yw'r rhai sydd yn llwyddo.

Mae neges y Pasg o obaith y bywyd newydd yn cynnig meddyginiaeth i'r rhai sy'n teimlo'n anwydog yn eu crefydd. Os ydych yn un o'r rheiny ga'i ddymuno gwellhad buan i chi.

22 Ebrill 1992

Person prysur

'Os am ofalu bod rhywbeth yn cael ei wneud, gofynnwch i berson prysur ei wneud e,' medde'r dywediad. Y'n ni yn mynd o gwmpas fel cath i gythrel heb amser i ddim, gan roi'r argraff ein bod yn bobl brysur tu hwnt.

Bydden i yn meddwl fod person sydd â digon o amser segur ar ei ddwylo yn ddigon parod i wneud pethau. Mae profiad yn dweud yn wahanol. Nid felly mae hi. Medde Roald Dahl, yr awdur a anwyd yng Nghaerdydd yn 1916:

Wrth losgi 'nghannwyll ar bob pen
   Rhy gwta fydd ei bywyd,
Ond, ffrindiau annwyl, coeliwch fi,
   Mae'i golau hi yn hyfryd.

Mae ynni fel petai yn magu mwy o ynni. Dyna hefyd sut mae grym a phŵer yn gweithio. Mwyaf yw'r defnydd a wneir, yna mwyaf sydd yn cael ei greu, a'r cyfan yn y diwedd yn magu mwy o rym a phŵer.

Dyna un rheswm pam 'mod i yn gwrthwynebu, ac yn wir yn ofni, grym dwrn a thrais. O gychwyn ar y ffordd honno does neb yn gwybod ble mae yn mynd i arwain. Wrth fynd i'r cyfeiriad yna, dyn a ŵyr ble fydd diwedd y daith. A dyna y'n ni yn ei weld.

Mae Gŵyl y Pasg drosodd. Neges yr Ŵyl yw bod daioni a chariad yn drech na drygioni a chasineb. Grym creadigol sydd yn drech na'r grym dinistriol. Gawn ni geisio cael y grym creadigol i losgi ym mhob pen? 'Mae'i golau hi yn hyfryd', fel llosgi deupen cannwyll.

Wrth ffarwelio â'r Ŵyl eleni diolchwn am waith y rheiny sy'n llawn prysurdeb fel 'lladd nadredd' yn 'troi pob carreg' i gyflawni pethau aruchel **heddiw,** wrth adeiladu allan o ddinistr bomiau **ddoe.** Mae'r asiantaethau dyngarol megis y Groes Goch, Cymorth Cristnogol, Oxfam ac Achub y Plant yn galw arnom i ddwysáu ein cefnogaeth gan 'losgi'r gannwyll ar bob pen' yn ein hymdrechion.

A'r gobaith yw y bydd pawb ohonom, o'r prysuraf i'r seguraf yn ein plith, yn medru ymateb i'r alwad honno.

22 Ebrill 2003

Saib

Yng nghanol bwrlwm a gweithgarwch bywyd mae'n anodd dod o hyd i adegau o dawelwch. Hyd yn oed o ddod o hyd iddynt, mae'n anodd gwybod sut i ddelio gyda seibiant.

Mae modd cael seibiant a thawelwch hyd yn oed pan fyddwn ynghanol cwmnïaeth eraill. Gall ddigwydd mewn gwasanaeth mewn oedfa drwy fyfyrdod a gweddi. Os nad ydych wedi bod mewn oedfa'n ddiweddar yna galwch fewn rywbryd. Mae'n siŵr y bydd yna un yn cael ei gynnal nepell o'ch cartref y Sul nesaf. Ar hyd y blynyddoedd mae nifer wedi gweld gwerth mewn addoliad gan fod hynny wedi eu paratoi ar gyfer ambell i ergyd, ac wedi rhoi nerth i wynebu brwydrau gwahanol sydd yn rhaid eu hymladd o dro i dro. Mae hefyd wedi bod yn gyfrwng bendithiol, a'i effaith yn parhau am gyfnodau hir.

Ddydd Sul diwethaf cefais y fraint o bregethu mewn dau gapel gwahanol – un ohonynt yng Nghwm Tawe, mewn llecyn anghysbell ar ben mynydd ymhell o sŵn a dwndwr bywiog y cwm islaw. Er mor braf oedd bod yno, doedd dim modd sefyll ar ben y mynydd. Roedd yn rhaid dod nôl lawr drachefn. Yn hwyrach y prynhawn bues yn cynnal gwasanaeth mewn capel arall sydd â'r traddodiad anhygoel o fod yn weithgar yng nghanol berw ymgyrch wleidyddol gan greu newidiadau cymdeithasol: capel wedi ei leoli ar gyrion tref Merthyr Tudful.

O fewn diwrnod dyma grynhoi dwy elfen gyfoethog o werth a phwrpas addoliad. Y bwrlwm bywiog gweithgar ar un llaw a'r elfen o unigrwydd tawel ar y llaw arall, sydd ei wir angen arnom cyn y gellir cyflawni fawr o ddim byd. Hwyrach wrth addoli yn y seibiant y deuwn o hyd i'r tawelwch a fydd yn rhoi'r gallu i ni i wynebu poenau a blinderau bywyd.

29 Ebrill 1992

Wrth y stof

Ar y stof sydd gyda ni adref ar gyfer y gwres canolog a choginio mae dau blât gwahanol i dwymo sosban neu degell. Mae'r plât mwyaf yn gwresogi'n eithaf cyflym tra bod arwynebedd yr un lleiaf yn cymeryd mwy o amser i dwymo. Hwnnw yw'r plât delfrydol os am adael y tegil arno i gael dŵr twym drwy'r dydd. Hwnnw hefyd yw'r un addas ar gyfer gosod sosbenni i'r cynnwys i dwymo neu fudferwi'n araf, fel sydd angen gyda rhai pethau sydd yn cael eu coginio. Rwyf yn ffeindio ei fod yn gyfleus i gadw'r bwyd yn dwym pan mae un ohonom (fi rhan amlaf) yn hwyr yn dod adref o'r gwaith. Drwy adael pethau arno mae'n ogystal yn rhoi cyfle i wneud pethau eraill, achos does dim angen cadw llygaid cyson wedyn ar y bwyd rhag ofn iddo or-gwco, llosgi a sarnu.

Yn aml mae'r meddwl yn gweithio yn yr un ffordd! Ar adegau mae angen gadael i'r meddwl ddatrys rhai pethau yn araf a phwyllog, fel y sosban yn mudferwi, tra'n rhoi cyfle wedyn i fedru delio gyda materion pwysicach sydd angen sylw sydyn a dwys.

Byddwn fel arfer yn taflu popeth i'r sosban, eu cymysgu a gadael llonydd iddynt goginio'n araf gan fagu blas. Wrth ddefnyddio'r plât sydd yn twymo'n araf mae'r cynhwysion yn cymysgu a blendio a thrwy ffrwtian daw'r cynhwysion yn y diwedd yn bryd blasus o fwyd. Lleiaf o ymyrraeth, gorau i gyd yw'r canlyniad.

Rwy'n siŵr 'mod i gyda'r mwyaf euog o fod eisiau gweld atebion syth a sydyn i rai o gwestiynau a phroblemau bywyd – mawr neu fach. Ond rwy'n gorfod dysgu bod angen agwedd arall; ffordd wahanol i edrych ar bethau. Oes, ar adegau mae yna ffordd fwy effeithiol o ddelio gyda nhw – a hynny drwy eu gosod ar y plât araf.

Sdim byd yn waeth, nag oes, na bod ym mhresenoldeb person sydd ag ateb neu sylw ar bopeth. Yn hytrach na rhuthro bob tro gydag ateb mae gwerth mewn pwyllo – rhestru problemau, didoli'r ffeithiau a'r dewisiadau neu'r opsiynau gwahanol a'r atebion posibl.

Yn aml wrth geisio datrys problem, neu, er enghraifft, wrth geisio cofio enw rhywun, mae'r plât sydd yn twymo'n araf yn medru bod o gymorth mawr. Mae'n tawelu'r meddwl. Nid peidio â delio gydag ef fyddwn yn ei wneud. Dyw'r plât ddim yn oer, mae'n dal yn dwym.

Cawl fydd gyda ni i swper heno. Bydd e'n llawer mwy blasus os bydd wedi cael amser i ffrwtian a berwi trwyddo yn araf a thrylwyr – hynny'n dipyn gwell na phe bai wedi cael ei dwymo ar hast.

29 Ebrill 2003

Cymydog

Rwy'n diolch yn aml nad wyf yn gymydog i mi fy hun! Gyda dau o blant bach, a'r rheiny'n aml yn gweiddi a sgrechain wrth chwarae, a'r ffaith fy mod innau'n cadw oriau digon anghymdeithasol, mae'n siŵr y gall y cyfan ar adegau fod yn gryn straen ar fy nghymdogion yn Nhalgarreg! Rwy'n dragwyddol ddiolchgar am eu synnwyr yn ogystal â'u hamynedd a'u dealltwriaeth barod.

Yn fy ngwaith dyddiol un o'm gorchwylion yw ceisio datrys anghydfod a chwerylon rhwng cymdogion. Daw hyn â rhywfaint o syniad imi am y profiad annymunol hwnnw y mae rhai'n ei gael o orfod byw drws nesaf i'r rheiny sydd wedi teilyngu'r label o fod yn 'gymdogion o uffern'. Dyna pryd mae llinynnau'r amynedd yn mynd yn frou a goddefgarwch yn hen ddiflannu. Yn sicr, does fawr ddim gobaith gweld bodolaeth y cariad hwnnw yr anogodd yr Iesu ni i'w ddangos at ein cymdogion.

Ond yn y gorchymyn hwnnw ar i ni garu ein cymydog, fe gafwyd anogaeth bellach on'd do? Anogaeth i ni ddod i delerau â ni ein hunain. 'Câr dy gymydog fel ti dy hun'.

Does dim yn mynd i weithio os na ellir darganfod hunan-barch a dod i delerau gyda ni'n hunain fel ag yr ydym.

- Parchu a derbyn ein **hysbryd** ein hunain, yn arbennig ar adegau pan mae'n boenus ac yn sur.

- Parchu a derbyn ein **cyrff** ein hunain, yn enwedig pan nad ydym yn galler cyflawni pethau rydym yn awyddus i'w gwneud, neu bethau roeddem yn arfer gallu eu gwneud.
- Parchu a derbyn ein **teimladau** ein hunain, yn enwedig pan fyddwn yn teimlo'n isel.
- Parchu a derbyn ein **meddyliau** ein hunain, yn enwedig pan fo'r meddwl yn ansicr neu'n llawn dwli a sothach. Mae'n anodd credu ynoch chi eich hun pan mae pethau yn mynd o chwith.

Fan'na yn rhywle mae'r gyfrinach, sef dod i delerau gyda'r hunan. Gwybod sut mae'r ysbryd, y corff, y meddwl a'r teimlad yn gweithio hyd yn oed ar adegau o ddiffygion, gwendidau, ffaeleddau a beiau.

Wrth i ni dderbyn ein hunain daw pob brwydr wedyn yn hawsach ac yn gliriach, oherwydd brwydr gadarnhaol fydd hi wedyn. Brwydr DROS bethau ac nid brwydr negyddol oherwydd ei bod yn ERBYN rhywbeth.

2 Mai 2000

Shwt fath o bobl

Sbel fach yn ôl, heb fod ymhell o Lanbed 'ma, fe gyrhaeddodd trafaeliwr un o bentrefi'r cylch. Wrth agosáu at ymyl y pentref gwelodd ŵr yn ishte yn môn y clawdd. Gofynnodd, 'Shwt fath o bobl sydd yn byw yma?'

Yn hytrach na'i ateb, gofynnodd yr hen ŵr yn ôl i'r trafaeliwr, 'Shwt fath o bobl sydd yn byw lle daethoch chi ohono?'

Meddai'r trafaeliwr, 'Rhai eithaf ffyrnig a chas. Pobl ystyfnig iawn yn llawn eiddigedd ac yn cyflawni pethau dichellgar – rhai anfoesol tu hwnt.' Aeth ymlaen i ddifrïo: 'Ie wir, rhai segur a phwdr, ac yn wir mae'r gair 'drwg' yn rhy dda i'w disgrifio,' meddai, â dirmyg a gwg yn ei lais.

'Wel,' meddai'r hen ŵr. 'Dyna'r union fath o bobl sydd yn byw yma hefyd.'

'Druan ohonoch,' meddai'r teithiwr, a bant ag ef yn ei gyfer.

Whap! Ymhen rhai munudau dyma deithiwr arall yn anelu at yr un pentref ac wrth gyrraedd dyma fe'n gofyn yr un cwestiwn i'r hen ŵr, oedd yn dal i eistedd ym môn y clawdd. Fel gyda'r teithiwr cyntaf, nid atebodd y cwestiwn ond gofyn yr un peth, sef pa fath o bobl oedd yn byw yn y lle y daeth ohono.

Roedd ateb y teithiwr yma'n dra gwahanol. Dywedodd eu bod yn 'rhai hynaws, pobl glên a charedig, bob amser yn mynd mas o'u ffordd i gynorthwyo; yn cerdded yr ail filltir ac yn barod i weithio,' gan ychwanegu wedyn eu bod yn ymdrechu drwy'r adeg i wella pethau.

Roedd gwên lydan ar wyneb rhadlon yr hen ŵr wrth ateb. 'Dyna, yn rhyfedd iawn,' meddai, 'yw'r union fath o bobl sydd yn byw yn y pentref yma'.

Arhosodd y teithiwr i roi cynnig arni.

'A fynno air da, na rodded air drwg,' meddai'r ddihareb. Agwedd, dyna yw e'.

Mae'r hyn a gawn ni allan o heddiw yn dibynnu llawer ar beth sydd gennym i'w gynnig. Os mai mwnci sydd yn edrych i fewn i'r drych y bore 'ma wrth folchi yna nid angel fydd yn edrych allan.

4 Mai 1998

Wedi Gŵyl Banc

Shwt mae ar fore dydd Llun? ... Na, wrth gwrs, mae'n fore dydd Mawrth! Tybed sawl gwaith y bydd rhaid i ni atgoffa ein hunain nad dydd Llun yw hi heddiw? Mi all seibiant ddoe achosi dryswch – am weddill yr wythnos i rai, hwyrach. Diolch am gael diwrnod ddoe i nodi gwerth y gweithlu, ond mae'r hoe yn medru peri penbleth i batrwm arferol yr wythnos waith – a hynny am fod yr arfer yn newid.

Y'n ni yn gaeth iawn i arfer a gall newidiaeth i drefn achosi cymysgwch, creu cymhlethdod ac, ar adegau, arwain at annibendod. Gall arferion fod yn ddolen sydd yn dal llinynnau cymdeithas ynghyd. Y'n ni'n gaeth iddynt – gymaint fel y gallir yn eithaf aml ragweld symudiadau pobl o wybod beth yw eu harferion. Pan nad yw'r patrwm arferol yn cael ei gadw mae hynny'n aml yn medru canu cloch i'n rhybuddio fod rhywbeth o'i le.

Daeth y tymor pêl-droed a rygbi i ben y penwythnos diwethaf. I lawer iawn o bobl ni fydd y Sadyrnau'n golygu yr un peth o hyn ymlaen am na fydd ganddynt unlle i fynd yn ôl yr arfer. Ac mae sawl un wedi tystio mai'r ergyd greulonaf wrth geisio ymdopi gyda galar yw dod i delerau â'r ffaith nad oes modd bellach gwneud pethau oedd yn arfer cael eu cyflawni ar y cyd.

Byddwn yn gwneud ein gorchwylion, a bydd cynifer o ddigwyddiadau ac ymrwymiadau cymdeithasol yn cael eu cyflawni, yn syml am fod rhod arfer yn dal i droi. Felly rhaid peidio â syrthio i'r trap o fod yn ddilornus ac yn ddirmygus o arfer.

Eto, mae angen mwy na defod ynddi ei hunan, rhag inni fod yn bypedau sydd yn cael eu tynnu gan gordenni arferiad yn unig. Sawl syniad arloesol sydd wedi cael ei docio cyn blaguro am fod grym arfer yn rhy ystyfnig i dderbyn unrhyw newid?

Mae'n eironig – gall arfer fod yn rym stwbwrn sy'n galler bod mor benstiff fel ei fod yn rhwystro unrhyw newid, tra gall hefyd fod yn gwstwm cadarn sy'n gofalu fod pethau, doed a ddêl, yn cael eu cadw neu'n digwydd.

Rwy'n mynd adref nawr ac am fod y tywydd yn braf mi wna'i hongian y golch ar y lein, er nad yw yn ddydd Llun!!

7 Mai 1996

Dillad

Os oes gwir yn yr hanesyn yn Genesis, roedd y ddau berson cyntaf a droediodd y ddaear yn noeth yng ngardd Eden. Wedi bwyta'r afal a waharddwyd fe ddaethant i sylweddoli bod noethni yn gyfystyr â chywilydd, a bu rhaid i Adda ac Efa chwilio am deiliwr.

Byddwn ni'n gwisgo dillad i guddio noethni a chadw'n gynnes, ond hefyd mae yn ein wardrob ddillad gwahanol ar gyfer achlysuron amrywiol. Mae'r term Gwisgo'n Rymus, neu Ddillad Pwerus, wedi dod yr un mor ffasiynol heddiw â'r dillad eu hunain.

Dyw pob pilyn ddim yn addas i bob digwyddiad. Alla i ddychmygu sawl un wrth wisgo yn gwario munudau gwerthfawr o flaen y drych yn paratoi ac yn gwneud ymdrech lew i ofalu bod y dilledyn nid yn unig yn gweddu ac yn taro ond ei fod hefyd yn tynnu'r gorau allan. Trueni nad ydym yn gwneud yr un ymdrech ac yn cymeryd yr un gofal wrth baratoi ein cymeriadau a'n meddyliau cyn camu allan drwy'r drws.

Mae yna fathau o ddillad na fyddem yn eu gwisgo oherwydd nad ydynt yn addas i'r achlysur. Ambell waith fe wnawn fôr a mynydd o bethau bychain dibwys wrth duchan a thwt-twtian am bethau di-nod sydd yn digwydd o'n cwmpas, tra'n bod yn gwbl ddi-hid a thawedog am bethau llawer gwaeth. Byddwn yn caniatáu i'n difaterwch a'n hesgeulustod gael eu gwisgo amdanom i guddio'n hagweddau. Wrth gwrs, ochr arall yr un geiniog yw gweld y rheiny sydd yn newid eu cymeriadau'n gyfan gwbl wedi iddyn nhw wisgo math arbennig o ddillad, fel y rheiny sy'n llawn awdurdod wedi gwisgo lifrai gwahanol.

'Dwy ddim yn hoffi gwisgo dillad newydd am eu bod nhw'n aml yn anghyffyrddus. Gwell yn aml yw cadw at yr hen bilyn cyfarwydd. Her a sialens sydd yn ormod i lawer yw taflu ymaith hen agweddau a syniadau. Mae'n fwy cyffyrddus cadw at y cyfarwydd. Ond ambell waith mae angen siarad plaen i glirio'r awyr fel nad yw pethau yn cael eu cuddio.

Onid dyna yw dweud eich dweud?

9 Mai 2000

'Na' wrth blentyn

'Dwy ddim yn gwybod shwt blentyn o'ch chi yn yr ysgol na shwt oeddech chi'n ymddwyn. Amdana i? Wel yn sicr, fydden ni ddim eisiau bod yn athro arnaf fi fy hunan. Nid 'mod i yn anystywallt ac afreolus, ond mi roedd ynof duedd i amau a chwestiynu pob gorchymyn, yn enwedig pan fyddai'r athrawon yn dweud 'Na'.

Erbyn hyn rwy'n gweld yr ochr arall i'r geiniog honno, achos ers blwyddyn a phedwar mis rwyf unwaith eto yn gwisgo mantell bod yn rhiant. Wrth i Heledd dyfu o fabandod i fod yn blentyn bach mae'n syndod cynifer o weithiau yn y dydd rwyf fi yn dweud 'na'. Fel llu o blant eraill tebyg iddi mi fydd yn mynnu gwneud pethau na ddylai eu gwneud – tynnu sbectol, rhwygo papur, agor cypyrddau a llu o bethau bychain eraill. Hyd yma mae'n rhy fychan i sylweddoli a deall y rhesymeg tu ôl i'r gair 'na'.

Alla i byth â pheidio cofio fel y byddai'r gair 'na' digymrodedd yn arfer cael ei ddweud i'r posibilrwydd o gynnal cyfarfod rhwng gweinidogion y Llywodraeth a swyddogion Sinn Féin. Oni chafwyd hefyd yr un 'na' i'r syniad o ryddhau Mandela yn Ne Affrica a Makarios yng Nghyprus? 'Na' wedyn i'r awgrym bod y ddwy ochr yn cyfarfod i drafod yn y Dwyrain Canol. Rhyfedd, 'na' mor bendant i'r syniad bod pobl yn eistedd i lawr i gyfarfod a thrafod!

Mae'n anodd gweld rhinwedd y 'na' pan mae mor ddigyfaddawd, anhyblyg ac anghymodlon, yn enwedig pan mae'n rhwystr i drafodaethau a all arwain yn y diwedd at fod yn rhesymol a synhwyrol. Onid arwain a wna at ddrws clo, tra gall trafodaeth agor y drysau hynny drwy ddealltwriaeth? Y rhai sydd wedi gadael eu marc ar fywyd yw'r rheiny sydd wedi agor drysau caeedig.

O'n cwmpas mae yna bobl ddifreintiedig yn dal yn gaeth oherwydd ein bod ni wedi dweud 'na' wrthynt. Heddiw, cyn i ni ddweud 'na', cymerwn funud i feddwl rhag ofn bod y gair bychan dwy lythyren yn rhwystr i arall gael gwell bywyd.

10 Mai 1995

Pentref dychmygol

Rwyf am sôn am bentref dychmygol lle does ond cant o drigolion yn byw. Nid unrhyw gant, ond cant wedi eu cywasgu i gynrychioli, o ran cymhareb, holl boblogaeth y byd.

Mae 51 yn fenywod a 49 yn wrywod; 30 yn wyn a 70 heb fod felly.

Mae 30 yn Gristnogion a 70 heb fod.

Mae hanner holl gyfoeth y byd yn nwylo 6 person penodol a'r 6 hynny o'r Unol Daleithiau.

Mae 80 yn byw mewn tai gwael; 70 yn methu darllen; 50 yn dioddef o ddiffyg maeth.

Un yn unig sydd mewn coleg ac un yn unig sy'n berchen cyfrifiadur.

Pan fyddwn ymhell o gartref ac os digwydd i ni gyfarfod â chydnabod neu rywun sydd yn adnabod rhywun y'n ni yn ei adnabod, yr ymadrodd a ddefnyddiwn i fynegi'r syndod am y cyd daro yw 'mae'r byd yn fach'. O ystyried y ffeithiau a nodwyd mae'r cyfoethogion breintiedig yn 'fyd bach' go iawn. Daw yn amlwg o boenus fod angen dealltwriaeth, goddefgarwch a newid go sylfaenol yn ein ffordd o fyw cyn y bydd pethau'n gwella.

Gallwn i gyd gyfeirio at ryw wythnos sydd wedi newid pethau yn go sylfaenol yn ein bywydau. O'r wythnos honno ymlaen mae'r digwyddiad penodol hwnnw yn gofalu nad yw pethau yr un peth. Gallwn ninnau newid cwrs bywyd llawer iawn o bobl yn ystod yr wythnos yma. Yng ngweithgarwch Wythnos Cymorth Cristnogol cawn ein hatgoffa am yr angen i gynorthwyo'r gwan ac am y ffordd y gallwn helpu'r difreintiedig.

Rwyf wedi syrffedu gyda llawer o'r dadleuon athrawiaethol rhwng enwadau, fel a oes bywyd ar ôl marwolaeth. Diolch am slogan glir a bywiog Cymorth Cristnogol sydd yn credu mewn bywyd cyn marwolaeth. Cawn ein herio i greu y bywyd hwnnw. Her arall yr wythnos yw ei bod yn gwahodd ac yn denu pobl o wahanol gefndiroedd Cristnogol at ei gilydd i gydweithio. Mae'r casglu a'r rhoi yn cynnig her i arweinwyr gwledydd cyfoethog y byd i ddileu dyled rhyngwladol – her i ffurfio cadwyn sy'n ddigon cryf i ddileu cadwyn tlodi.

Os na wnawn ymateb, yna ymhen rhai blynyddoedd bydd cydbwysedd y pentref dychmygol o cant o drigolion yn gwaethygu. Fydden ni, y lleiafrif cyfoethog breintiedig, ddim yn gynrychioliadol.

11 Mai 1998

Cywiro drwy gyfrifadur

Y penwythnos diwethaf mi fues lan yng ngaret y tŷ i gasglu'r pethau oedd wedi eu storio yno ers tro byd. Mi ddes o hyd i hen lyfrau ysgol ac wrth chwilota drwyddynt sylwais fod nifer o farciau coch ynddynt gan wahanol athrawon yn cywiro gramadeg a sillafu. Mae rheolau cymhleth gramadeg a cheisio sillafu'n gywir yn dal y tu hwnt i'm dealltwriaeth.

Sbel nôl, pan glywes fod rhaglen gyfrifiadurol ar gael i helpu'r rhai ohonom sydd yn cael problemau tebyg, roedd yn rhyddhad ac yn ollyngdod mawr. Yr hyn sy'n digwydd yw bod y rhaglen yn dewis y geiriau sydd yn ymddangos yn anghywir gan awgrymu rhai eraill yn eu lle. Mi all rhai o'r awgrymiadau hyn ar adegau fod yn rhyfeddol o ddoniol.

Gwendid y cyfrifiadur yw nad oes ganddo synnwyr cyffredin i ddehongli ystyr brawddegau. Dyw e ond yn gwybod eich bod wedi defnyddio gair sydd yn ddieithr i'w gof – gair sydd heb ei storio yn ei eiriadur ei hun. Dyma fynd ati felly i awgrymu'r geiriau tebycaf i'r gair anghyfarwydd.

Trueni na fyddai rhyw fath o ddyfais debyg yn gweithio yn ein meddyliau ninnau. Dyfais fyddai'n medru newid geiriau sydd yn achosi diflastod oherwydd bod eu defnydd yn arwain at densiwn ac anghydfod a hynny wedyn yn troi at rywbeth gwaeth fel trais a rhyfel. Trueni na ellir newid geirfa o gasineb i garedigrwydd, o aflonyddwch i ddistawrwydd ac o anesmwythyd i dawelwch.

Ydy, mae'r cyfrifiadur yn declyn clyfar iawn sydd yn medru cyflawni pethau cymhleth ac anodd heb flino o gwbl, ond eto, dim ond robot yw e'. Nid yw'n medru meddylu, y cyfan a wna yw didoli a threfnu'r wybodaeth sydd ar gael eisoes tu fewn i'w gof eithriadol. Os rhowch wybodaeth gwallus i mewn iddo, canlyniadau diffygiol a chamgymeriadau ddaw allan ohono.

Does dim angen gormod o ddychymyg i weld mai digon tebyg yw hi arnom ninnau. Trwy lenwi ein meddyliau â dwli, mae siawns go lew y bydd hynny'n arwain at siarad ffôl, cleber wast a brewlan rwtsh. Hen lap gwirion fydd yn dod allan o'n genau.

Fel edrych ar sgrin y cyfrifiadur, mae'n werth i ninnau o bryd i'w gilydd gymeryd cam bychan yn ôl i geisio edrych o'r tu allan ar ein gweithredoedd. Yn ychwanegol at fod yn ystyriol a gofalus, fel wrth drin cyfrifiadur, mae angen cydwybod a synnwyr cyffredin i ddefnyddio pob gwybodaeth er mwyn deall beth sydd yn iawn a chywir. Mae angen ymwybyddiaeth o ddoethineb, tynerwch a theimlad. Galwch nhw beth bynnag y'ch chi eisiau ond maent yn llawer mwy nag y gall unrhyw gyfrifiadur, er mor glyfar ydyw, ei wneud na'i roi.

Dyna a'n gwna ni yn wahanol: wedi'r cyfan dim ond peiriant yw'r cyfrifiadur tra ein bod ni yn perthyn i'r hil ddynol.

14 Mai 1996

Ail-doi

"Sdim angen to ar ysgubor wag.' Dyma ddywediad sydd wedi troi a throsi yn fy meddwl dros y dyddiau diwethaf. Nawr, mi allai fod yn ddywediad sydd yn briodol iawn i mi yn bersonol achos, chi'n gweld, ys sawl blwyddyn nawr sdim angen i mi fynd yn rheolaidd at y barbwr! Ac fel mae sawl un wedi dweud sdim angen mop o wallt ar benglog sydd â chymaint o wacter y tu fewn iddo!

Ond mae'r dywediad wedi bod yn chwarae ar fy meddwl oherwydd y'n ni gartref bron â gorffen ail-doi'r tŷ. Fe dynnwyd yr hen lechi i ffwrdd a gosod ffelt ac yna ailosod y llechi i wneud yr adeilad yn fwy diddos. Bydd modd wedyn cael gwell trefn ar bethau yn y garet a defnyddio'r gwagle i storio. Pan oedd hanner y to i ffwrdd, fel y gallwch ddychmygu, braidd yn betrus oedden ni o glywed falle bod storm o daranau a glaw ar y ffordd. Diolch i'r drefn fe arbedwyd unrhyw niwed a difrod, hyd yn hyn, o leiaf.

Mae'n anodd dychmygu'r profiad erchyll sydd wedi taro trigolion tref fechan yn yr Iseldiroedd wrth i doeon adeiladau gael eu rhwygo bant gan ryferthwy a ffyrnigrwydd y ffrwydrad rhyfeddol. Trueiniaid yn dioddef poen a phryder a hynny, mae'n debyg, am fod rhywrai mor annoeth wrth gynllunio â chaniatáu i dref fechan dyfu o gwmpas ffatri ffrwydron.

Pwrpas tân gwyllt yw rhoi pleser gan ychwanegu at

unrhyw achlysur o ddathlu. Gall esgeulustod a diffyg cynllunio, ynghyd ag awch a thrachwant, ddrysu unrhyw hwyl.

'Dwy ddim yn gwybod amdanoch chi, ond yn tŷ ni fydd dim cymaint o flas ag arfer ar ddathliadau Guto Ffowc eleni. Ac onid yw'r holl oleuadau a lliwiau llachar oedd yn rhan o'r tanau i groesawu'r flwyddyn 2000 ym mis Ionawr eleni yn awr yn ymddangos fel hen fatsien wlyb?

16 Mai 2000

Banc Siôn Cwilt

Mae pentref Talgarreg yn gorwedd yng nghesail Banc Siôn Cwilt. Mae'n gysgod parhaol dros y pentref. Ar y bryncyn mae 'na goed tal yn sefyll, sydd bellach yn dechrau llenwi gyda dail wedi llymder y gaeaf. Adeg yr hirlwm hwnnw neu ar dywydd garw 'sdim rhaid i mi na neb arall chwaith gydio yng nghangen un o'r coed hynny a dweud wrthynt eiriau tebyg i 'Daliwch ati; Cadwch i dyfu; Byddwch yn gryf; Safwch ar eich traed!' Does dim angen gwneud hynny achos dim ond coed ydynt, wedi'r cyfan.

Ond mi fyddwn nawr ac yn y man yn gorfod cydio ym mreichiau ein gilydd er mwyn rhoi hwb fach ymlaen ar hyd y daith. Ambell waith byddwn yn ei chael yn anodd sefyll ar ein traed a bod yn gryf a theimlo fel tyfu. Bydd ambell i ergyd yn ein taro, a'r adeg honno bydd rhaid symud canolbwynt ein bywydau rhag i ni gael ein dymchwel. Mae'n gwmws fel cario bwcedaid o lo neu fasged siopa. Os byddwn yn eu cario yn y llaw dde yna bydd rhaid symud canolbwynt y corff rywfaint i'r ochr chwith neu fe fydd y cyfan yn achosi i ni golli cydbwysedd a disgyn.

Os mai ein huchelgais yw cael cyfoeth a phleser yn unig, yna bydd yr ergyd lleiaf yn ddigon i'n difrodi a'n dadwneud. Yn yr un modd, os mai'n huchelgais yw cael bywyd rhwydd a chyffyrddus yna fydd yr hen fyd yma ddim yn hir iawn cyn ein darnio a'n dinistrio. Mae cymaint yn dibynnu ar ein gallu i elwa a dysgu oddi wrth brofiadau bywyd fel na fyddwn yn caniatáu iddynt ein difetha a'n distrywio.

I droi'n ôl at y coed sydd ar Fanc Siôn Cwilt, fe ddaw awelon mwyn misoedd yr haf i roi maeth a nerth iddynt, ond hefyd mae gwyntoedd llym y gogledd-ddwyrain wedi cryfhau'r gwreiddiau, a'r gaeaf wedi caledu'r rhisgl a'u gwneud yn fwy gwydn. Mae angen pob math o dywydd arnynt. Yn lle cael ein trechu gan ofidiau, mwyaf y gofid yna mwyaf yw'r pŵer sydd ei angen i wrthsefyll y cyfan.

Rwyf yn hoffi'r meddylfryd sydd yn dweud bod modd i chi a fi gael y nerth fel y medrwn wrthsefyll ergydion bywyd. Mae coed Banc Siôn Cwilt yn cytuno â mi! Odych chi?

17 Mai 1995

Torri coed

Roedd yna blentyn yn sefyll gerllaw yn gwylio gweithwyr yn torri coed er mwyn clirio'r goedwig. Roeddynt yn tynnu'r perthi, yn dymchwel y cloddiau ac yn dadwreiddio'r llwyni. Cafodd y plentyn ddeall fod tai yn mynd i gael eu codi ac yn wir y byddai cyn bo hir ystâd newydd sbon ar gyrion y dref fel bod y rhai a fu'n byw ar wasgar yn medru cyd-fyw 'da'i gilydd.

Ymhen amser tyfodd y stad i fod yn bentref bychan. Wrth ddeall bod angen lle i fyw ar gymaint o bobl roedd pawb o'r farn fod y datblygiad newydd yn rhywbeth anorfod oedd i'w groesawu. Diolchwyd am waith y rhai oedd yn rhoi trefn ar ehangder y caeau gwyllt lle'r arferai'r plant chwarae yn rhydd.

Genhedlaeth yn ddiweddarach safai plentyn arall tua'r un oedran gerllaw i wylio'r gweithwyr yn gosod trawstiau syth ar y ddaear ac yn rhoi sliperi a chledrau arnynt. Cafodd ar ddeall bod rheilffordd yn cael ei hadeiladu fel y medrai trigolion y pentref fynd i'r dref agosaf i siopa, gweithio a chymdeithasu.

Cytunwyd bod y datblygiad yma eto i'w groesawu a'i fod yn welliant mawr gan fod angen ehangu'r ddarpariaeth. Wedi'r cyfan mi roedd y trigolion wedi hen flino ar gerdded neu fynd ar gefn ceffyl neu feic ar hyd y llwybrau garw anwastad i'r dref agosaf.

Genhedlaeth yn ddiweddarach gwyliodd plentyn arall weithwyr yn cario pob math o geriach, yn dapiau mesur a thaclau i fesur lefel y tirwedd ac offerynnau gwahanol eraill.

Yno'r oedd y gweithwyr i adeiladu hewl newydd am fod angen disodli'r rheilffordd gan fod honno wedi mynd yn henffasiwn ac wedi goroesi ei defnyddioldeb. Roedd hyn eto yn ddatblygiad oedd i'w groesawu yn fawr am fod angen yr hewl i ateb anghenion yr oes wrth i'r trigolion ddymuno bod yn annibynnol a mynd ar eu ffordd eu hunain i siopa a gweithio'r tu allan i'r pentref. Trowyd adeiladau'r Orsaf yn Barc Busnes.

Genhedlaeth yn ddiweddarach dyma griw o ieuenctid yn penderfynu gwneud rhywbeth gyda'r hen reilffordd oedd wedi ei gadael yn segur a thyfu'n wyllt, felly aethant ati i'w datblygu. Dychwelodd trafnidiaeth gyhoeddus i'r pentref i leihau'r traffig a gwella'r amgylchedd. Wedi i'r pentref oedd unwaith yn fychan droi yn dref, gan fod rhagor o ystadau tai a diwydiant wedi eu codi yno, aeth pobl ati i roi bywyd newydd i'r hen adeiladau a esgeuluswyd yn y canol. Adferwyd yr adfeilion drwy ddod â gwaith a chartrefi yn ôl i'r canol. Lle gynt y bu plant yn rhuthro ar gefn beiciau a cheffylau ac yn chwarae'n fywiog ac yn rhydd a diamod roedd yna bellach anialwch o dai a swyddfeydd. Yng nghanol y cyfan rhaid oedd darparu llwybrau cerdded, trac beiciau, parc chwarae a sefydlu lle i fyrddau sgrialu a chwrs marchogaeth ceffylau. Rheolwyd trafnidiaeth fel bod plant yn medru croesi i'r cae chwarae mewn diogelwch. Ar y ffyrdd hynny a gawsai eu hadeiladu er mwyn i drafnidiaeth fedru teithio yn hwylus a chyflym allan o'r pentref, rhaid yn awr oedd gosod rhwystrau atal cyflymder ac adeiladu meysydd parcio. Dechreuodd rhai ymgyrchu i gael rheilffordd i'r ardal ac aethpwyd ati i godi Gorsaf Reilffordd gyda maes parcio enfawr gerllaw.

Na, nid yw pob datblygiad o reidrwydd yn mynd tuag at ymlaen. Mae llawer o wirionedd yn yr hen ddihareb, 'Hawdd bod yn gall drannoeth'. Wrth frasgamu ymlaen mae'n werth edrych yn ôl.

18 Mai 1998

Rhagolygon y tywydd

A ydych chi wedi cael eich plesio wrth glywed rhagolygon y tywydd? Mae gwrando ar y Rhagolygon yn ddefod bwysig mewn nifer o gartrefi. I lawer, wrth gwrs, mae'n eithriadol o bwysig os am gynllunio ymlaen llaw weithgareddau'r dydd i wybod pa dywydd sydd yn debygol am y diwrnod hwnnw.

Serch hynny, stori go ryfedd oedd honno gan un cyflwynydd pan ddwedodd fod llawer iawn ohonon ni y cyhoedd yn ffonio fewn neu yn mynd i'r drafferth o ysgrifennu atynt i gwyno os nad yw'r hyn sydd yn cael ei broffwydo yn eu siwtio. Yn gwmws fel petai'r bai yn gyfan gwbl ar yr un sy'n darogan, am y math o dywydd a geir. Beth yw'r dywediad hwnnw am saethu'r negesydd?

Meddyliwch, y'n ni yn annog plant i fod yn gymdeithasol, serchog a chyfeillgar, tra ar y llaw arall yn eu hatgoffa yn barhaol i beidio â bod yn rhy ewn. Yn fwy sinistr byth, rydym yn gorfod eu dysgu a'u rhybuddio i fod yn wyliadwrus rhag oedolion, yn enwedig dieithriaid, sydd yn or-gyfeillgar a gor-serchog.

Rydym yn adeiladu cerbydau i fod yn fwy diogel tra mae'r gyrwyr tu fewn yn mynd yn fwy ffyrnig, gwallgof a chynddeiriog.

Y'n ni i gyd yn hoffi cael 'dweud ein dweud' a hynny yn glir a chroyw, gan gredu yn yr egwyddor 'rhydd i bawb ei farn ac i bob barn ei llafar'. Eto byddwn gyda'r cyntaf i gael ein brifo'n gymharol hawdd pan fydd eraill yn dweud rhywbeth wrthon ni sydd yn go agos i'r asgwrn.

Bardd y geiriau plaen yw un disgrifiad o T. H. Parry Williams – un oedd yn hoff o ddefnyddio geiriau cryfion. Deuoliaeth a welodd yntau yn y ffordd mae cynifer o bobl yn meddwl am Gymru. I rai nid yw'n ddim ond 'cilcyn o ddaear mewn cilfach gefn', yn 'boendod i'r rhai sy'n credu mewn trefn', tra bod eraill yn profi 'rhyw ysictod fel petai'n dod drosof i ... a chrafangau Cymru'n dirdynnu fy mron'.

Roedd yr un ddeuoliaeth i'w gweld yn ei gyfeiriad at fro ei febyd yn Eryri fel lle o 'harddwch hagr'.

Gall gofid i un fod yn llawenydd i arall, ac mae'r hyn sydd yn peri pryder i rai yn achosi esmwythyd i eraill. Y gamp yw:

- Adnabod y gymysgaeth honno
- Dod i delerau gyda'r amrywiaeth
- Gafael yn y dewis
- Byw gyda'r gwahaniaeth.

21 Mai 1996

Tywydd teg

O'r funud y gwnes i ddeffro'r bore 'ma a rhoi cipolwg drwy'r ffenestr roeddwn yn gwybod ei bod hi yn mynd i fod yn ddiwrnod braf heddiw eto. Nid yn unig roedd rhagolygon y tywydd wedi darogan hyn neithiwr ond hefyd wrth yrru ar hyd ffordd yr arfordir neithiwr mi roedd y machlud haul dros Fae Ceredigion wedi rhoi arwydd clir o fel fyddai'r tywydd heddiw. Diolch byth am y tywydd oherwydd oni bai amdano beth fyddai testun ein trafod dyddiol!

Dyna deimlad braf yw cael deffro yn y bore gan wybod bod sicrwydd o dywydd teg am weddill y diwrnod. Mae yn gwneud i ni deimlo'n dda. Gyda theimlad felly mae pethau yn fwy tebygol o weithio o'n plaid ni. Beth bynnag y'n ni am fynd i'r afael ag ef, mae yn siŵr o lwyddo oherwydd mae'r gwrthwynebiadau bach hynny sydd mor aml yn creu rhwystrau fel petaent wedi diflannu. Mae'r teimlad o fod yn ffyddiog yn rhoi hyder i ni fedru cyflawni pethau.

Dyw hi ddim felly bob amser wrth gwrs. 'O na byddai'n haf o hyd' meddai'r gân, ond mae yna adegau pan mae'r rhwystrau bach lleiaf yn peri trafferthion mawr. Bydd hynny yn atalfa rhag cyflawni pethau. Bydd yr hen deimlad gaeafol yn oeri'r gwaed ac yn rhewi pob awydd a brwdfrydedd.

Mor aml y bydd allanolion bywyd yn medru rheoli popeth a wnawn. Yn wir, mae amgylchedd, lleoliad ac etifeddiaeth yn medru penderfynu ein tynged yn aml. Gellir dweud nad ydym yn ddim byd mwy na phypedau sy'n cael eu rheoli gan gordenni allanol, a dyna'r teimladau gaeafol sydd yn ein rheoli. Ond mae heddiw yn ddiwrnod braf. Rhaid chwilio am ffyrdd i oresgyn yr allanolion gaeafol gan dorri'r llinynnau fel nad ydym yn bypedau. Mae angen cael y teimlad o dywydd heulog pryd y byddwn yn hyderus, yn galonnog ac yn ffyddiog. Bydd hynny'n rhoi'r gallu i ni gyflawni pethau.

'O na byddai'n haf o hyd!' Wedyn sdim pwynt i ni gael ein swcro a'n maldodi drwy'r amser. Bydd ambell i storm aeafol yn gwneud lles er mwyn ein cryfhau a'n caledu. Er mor hyfryd yw'r tywydd braf mae'n anodd credu y byddem yn dymuno byw yn barhaol mewn hinsawdd o'r fath. Wedi'r cyfan, oni bai am y tywydd garw efallai na fydden ni mor barod i werthfawrogi'r tywydd braf.

23 Mai 2001

Esgidiau

'Dwy ddim yn gwybod pa fath o esgidiau sydd gyda chi am eich traed na pha mor gyffyrddus ydynt! 'Dwy i 'yn hunan byth yn hoffi gwisgo esgidiau newydd. Oherwydd eu newydd-deb maen nhw yn galler bod yn anghyffyrddus. Ond fe ddaw pethau'n well wrth gyfarwyddo â nhw.

Gall bywyd fod yn ddigon tebyg. Byddwn yn ofni sefyllfaoedd newydd gan deimlo'n boenus ac annifyr o orfod eu hwynebu. Daw hynny â phoen yn ogystal â gofid ac ansicrwydd.

Ers lawer dydd mi fyddai gan bobl esgidiau bob dydd i'w gwisgo i'r gwaith ac esgidiau parch ar gyfer achlysuron arbennig. Rwy'n cofio clywed am berchennog melin goed yng Nghanada bell oedd wedi caniatáu i John Tydi o'r Cilie gael ei gladdu yn ei esgidiau gwaith am ei fod wedi gweithio am ddigon o ddiwrnodau i dalu amdanynt.

> Mae'r esgid fach yn gwasgu
> Mewn man nas gwyddoch chi

Pan glywir fod rhywun yn crynu yn ei esgidiau, neu bod y galon yn yr esgid, bydd hynny'n cyfleu darlun o betruster a nerfusrwydd. Os bydd rhywun yn rhy fawr i'w esgidiau yna byddwn yn ddigon balch o'i weld yn cael ei dynnu lawr i seis. Eto rhaid cymeryd gofal cyn beirniadu, oherwydd, wedi'r cwbwl, ambell waith gall yr esgid fod ar y droed arall.

Wrth geisio dilyn ôl troed eraill gorau i gyd po gyntaf y deuwn i sylweddoli nad oes modd i'r un ohonom lenwi esgidiau eraill. Yn wir digon anodd yw hi i lenwi ein hesgidiau ein hunain.

Mae yna frawddeg fachog sy'n dweud, 'Safwch wrth draed pawb, peidiwch damsgen ar draed neb'. Hoffwn i ychwanegu cymal bach arall i'r frawddeg honno: peidiwch â chael eich damsgen gan neb chwaith. Yr hyn sydd ei angen yw sefyll yn dalog, yn gadarn ac urddasol.

24 Mai 1995

Colli

Yn ddiweddarach yr wythnos yma bydda i'n mynd ar siwrne gweddol bell o Ddyffryn Teifi er mwyn cyrraedd rhywle arbennig. Bydd yno lond lle o blant a ieuenctid. Os daw buddugoliaeth gellir bod yn gwbl siŵr y bu yna gryn ymdrech a gwaith caled i'w sicrhau. Yn sgil dycnwch y daw llwyddiant. Bydd yna rai wedi treio yn hynod galed i ddod trwyddo. I ddweud y gwir, bydden i yn falch o weld pob un sydd yno yn llwyddo ac yn ennill y dydd. Gwaetha'r modd, mae'n debygol y bydd rhai yn methu, methiant a ddaw â diflastod a thristwch yn ei sgil.

Chi'n gweld, nid i Eisteddfod yr Urdd rwy'n mynd. Rwy'n methu mynd yno eleni am fod rhaid dychwelyd gyda'r ferch hynaf Heledd i ysbyty plant Great Ormond Street yn Llundain. Ryw ffordd, mae mynd yno yn gosod gweithgarwch yr Eisteddfod yn ei gyd-destun a hwyrach yn wers bwysig i bawb sydd yn rhan o'r trefniadau a'r gweithgarwch, boed yn cymeryd rhan ac yn cystadlu neu yn gwylio.

Rwyf gyda'r cyntaf i ymfalchïo ac ymhyfrydu wrth weld rhai yn cyrraedd y brig. Eto rhaid peidio â bod yn brin o gydymdeimlad at y rheiny sydd heb brofi llwyddiant ac a fethodd gyrraedd yr uchelfannau. Ffordd angharedig sydd gan rai o gyfeirio atynt yw dweud iddynt 'syrthio ar ochr y ffordd'. Nid y buddugwyr sy'n galw am ein sylw mewn bywyd bob amser. 'Yn gymaint ag i chwi beidio â'i wneud i un o'r rhai lleiaf hyn ...'

Mewn bywyd, rhaid dysgu sut i golli. Gall hyn ddod â rhuddin cymeriad gan fagu cadernid. Ni fydd methu cyrraedd y brig ar lwyfan Eisteddfod yr Urdd yn ddiwedd ar bopeth. Yn wir daw cyfle arall eto er iddynt golli ar y dydd. Ar y llaw arall, ni fydd plant sâl sydd wedi colli'r dydd yn ysbyty Great Ormond Street yn cael cyfle arall.

25 Mai 1998

Geiriau

I 'ddweud fy nweud' rhaid wrth gwrs yw defnyddio geiriau. Alla i ddychmygu rhai yn dweud bod llawer gormod o eiriau, yn arbennig felly o enau gwleidyddion sy'n ceisio ein perswadio i fwrw pleidlais. Gwell yw gweld pobl yn gwneud yn lle dweud. Bydd y sinig y tu fewn i bawb ohonom yn dweud taw tuedd pobl yw siarad gormod tra yn aml iawn yn dweud dim byd o werth. Does dim yn fwy diflas na bod yng nghwmni rhywun sy'n parablu'n ddiddiwedd gydag ateb neu sylw ar bob mater.

Yn fisol ers blynyddoedd maith fe gyhoeddir Papur Bro yng nghylch Llanbed a'r Cyffiniau gyda'r enw addas Clonc. Y'n ni i gyd yn hoffi ambell i glonc a chlebran, hyd yn oed ar y ffôn hyd nes daw'r bil chwarterol. Gall geiriau fod yn brawf o'n didwylledd. Yn yr Ŵyl Lenyddiaeth yn y Gelli Gandryll fel gyda Gŵyl yr Urdd, mae rhai yn cyrraedd y brig drwy saernïo geiriau. Yn gyntaf mae'n rhaid taflu syniadau o gwmpas y meddwl, eu twmblo yn ddiddiwedd, cyn creu y gwaith gorffenedig o gerdd, neu bennod neu nofel i ddod yn ddarlun clir o'r mynegiant.

Mewn ysgolion a cholegau y'n ni yn nhymor y paratoi munud olaf at yr arholiadau. Gallaf gofio'r cyfnod yn fyw iawn. Fore'r arholiad mi roedd popeth yn jwmbwl o gawl potsh cymysg a minnau'n ceisio rhoi trefn ar y meddwl wrth drosglwyddo pethau blith-draphlith i gael syniadau synhwyrol yn y diwedd. Bydd pob siaradwr cyhoeddus yn gorfod mynd drwy'r broses athletaidd, wrth nid yn unig lefaru geiriau ond hefyd roi trefn ar y syniadau i greu araith o frawddegau ystyrlon.

Y gri ym mhobman yw i'r cymunedau gwahanol glosio a thrafod er mwyn lleihau tensiwn hiliol. Dyna'r ffordd i dynnu allan y colyn o'r hyn sydd yn pigo cymuned. Felly hefyd yr alwad i sefydlu Comisiwn Annibynnol i archwilio i effaith mewnfudo ar gymunedau Cymraeg. Gofyn am drafodaeth gall a'r angen i siarad.

Yn y Beibl mae yna arwyddocâd i lefaru geiriau. Roedd grym mewn gair: 'Bydded goleuni', ac felly y bu. Roedd llefaru geiriau yn weithred greadigol: Duw yn llefaru a'r weithred yn cael ei chyflawni. Mae gair o gydymdeimlad ac anogaeth yn rhoi cysur ac mae cerydd a beirniadaeth yn medru dolurio a brifo. Mae geiriau yn nerthol a grymus; gallant ysbrydoli ac atgyfnerthu. Gawn ni eu defnyddio yn y modd creadigol?

30 Mai 2001

Nam ar y ffôn

Wythnos i ddydd Mawrth diwethaf cafodd llinell ffôn y tŷ nam ac am wythnos doedd dim modd defnyddio'r ffôn o gwbl. Pan alwodd peiriannydd B.T. i drwsio'r nam, mawr oedd y rhyddhad ei fod e unwaith eto yn gweithio yn iawn. Mae'r ffôn fel popeth arall – y'n ni'n dueddol o'i gymeryd mor ganiataol hyd nes eith rhywbeth o'i le! A do, daeth yr wythnos o dawelwch a llonyddwch i ben yn glou iawn.

Rhyfedd oedd methu cysylltu â'r rheiny o'n i yn arfer cysylltu â nhw'n gyson, a rhyfeddach fyth oedd dyfalu pwy tybed oedd yn ceisio cysylltu ond yn methu, a heb efallai ddeall yn iawn paham. Mae cymaint o bwyslais bellach ar y syniad bod popeth fod i ddigwydd yn union ac ar amrantiad (instant) heb unrhyw oedi o gwbl. Mae gyda ni systemau cyfathrebu mor soffistigedig fel y'n ni bron yn disgwyl cael yr ateb cyn i ni yn y lle cyntaf ofyn y cwestiwn!

Mae gen innau hefyd fy ffôn symudol fel pawb arall ac er nad oes signal yn tŷ ni, eto wrth gamu tu fas i'r drws a chered rhyw lathen neu ddwy i gyfeiriad y pentref nesaf, sef Pont-siân, mae modd cysylltu pan fydd gwir angen. Er mor hwylus, defnyddiol a hylaw yw'r teclynnau hynny – yn benodol felly wrth weld nid yn unig fod un bron ymhob cartref, ond bod bron bob aelod o'r teulu yn cario un – onid oes yna berygl bod y gorddefnydd a'r orddibyniaeth yn rhwystr rhag torri'r llinyn bogel sy'n clymu rhieni a'u plant? Heb i hwnnw gael ei ddatod yn raddol, rhwystr a methiant fydd camu ymlaen yn naturiol i fod yn annibynnol a datblygu'r medr i sefyll ar eu traed eu hunain a meddu'r gallu i wneud penderfyniadau sydd yn anhepgorol yn y broses o dyfu.

Oherwydd bod ein disgwyliadau mor uchel, mae'r siom neu'r rhwystredigaeth gymaint yn fwy felly adeg methiant. Pan nad yw'r atebion yn dod yn hawdd, neu hwyrach ddim ar gael o gwbl, onid y'n ni yn mynd i deimlo'n hynod sigledig ac ansicr wrth fethu delio gyda'r anallu i gael ateb cyflym, syth?

Fe ddywed rhai fod yna ateb slic, syth a chyflym i bob galwad ysbrydol y'n ni yn ei gwneud. Alla i byth dderbyn hynny. 'Dwy wedi credu erioed bod cwestiynu ac amau yn rhan iachus o'r broses o aeddfedu a thyfu. Pan ddaw atebion mae hi yn braf, fel roedd hi'n braf clywed y ffôn yn canu wedi iddo gael ei drwsio. Ond man a man cyfadde', roedd hi yn eithaf braf hefyd cael wythnos o dawelwch, pan nad oedd e' yn gweithio.

14 Mehefin 2002

Tu fas pethau

Am 8.30 o'r gloch neithiwr tu fas i'n tŷ ni roedd yna lawer o gynnwrf a chyffro wrth i griw go dda o'r ardalwyr gasglu ynghyd. Ddydd Sul diwethaf aeth llond bws o ddisgyblion ysgol gynradd y pentref ynghyd â rhai o'r staff, rhieni ac un neu ddau o ffrindiau'r ysgol draw i Lydaw. Mae ysgol Talgarreg wedi gefeillio gydag un o ysgolion Diwan yn Gwengamp. Ers tua tair blynedd mae disgyblion y ddwy ysgol wedi bod yn cysylltu â'i gilydd drwy lythyron a thros y we. Daeth rhai plant oddi yno atom ni y llynedd ac eleni dyma gyfle i blant Talgarreg fynd atyn nhw. Ro'n nhw yn dod adref neithiwr. Gan fy mod yn byw yn Nhŷ'r Ysgol, y tu allan i'n tŷ ni roedd y rhialtwch i gyd, adeg y mynd ddydd Sul diwethaf, a'r dychwelyd neithiwr.

Roedd Heledd y ferch hynaf ar y daith, ac wedi iddi gyrraedd adref, er gwaetha'r blinder, hawdd oedd gweld ei bod wedi cael boddhad anghyffredin yng nghanol y miri a'r hwyl, wrth iddi ddisgrifio'n hynod liwgar y pum diwrnod o rialtwch. Cafwyd storiâu di-ri.

Bu rhaid i Gwenllian y ferch ifancaf aros adref am ei bod yn rhy fach i fynd ar y daith, a'r adeg y daeth Siôn Cwsg roedd hithau yn teimlo erbyn hynny ei bod wedi cael cam. Buan iawn y daeth dagrau wrth iddi sylweddoli fwyfwy gymaint roedd hi wedi colli allan, a digon anodd oedd codi ei chalon. Eto dyma hi yn y diwedd yn datgan yn glir ei bod hithau hefyd wedi cael amser arbennig o dda am iddi gael y cyfle i fod ar ei phen ei hun 'adref gyda dad'.

Pan fyddwn yn colli allan, a gorfod bod tu fas pethau, awn yn ysgeler i'r weithred fwriadol o gael ein cau allan. Ond beth am ei droi wyneb i waered, achos ochr arall y geiniog honno yw fod yna gyfle, a hyd yn oed rhyddid yn wir. Mae sefyll y tu allan yn rhoi cyfle a rhyddid wrth agor y drws i gyfleoedd newydd. Roedd yna deimlad gan blant Talgarreg ambell waith eu bod nhw tu allan wrth fethu deall popeth yn Llydaw ond daethant adref yn gyfoethocach a falle yn fwy hyderus ohonynt eu hunain.

Byddwn yn aml yn ofni'r rheiny sydd tu fas i'n cylchoedd ni ein hunain. Cofiwn, rhywbeth caeedig bob amser yw cylch lle y'n ni naill ai yn cael ein cau mewn neu ein cau allan. Os byddwn tu fas, edrychwn arno fel sialens i droi pob gallu a phob medr unigryw i gyflawni pethau. Os yn wahanol, dyma gyfle i adeiladu a chyflawni pethau arbennig, heb ofni na theimlo'n lletchwith. Hwyrach y byddwn yn fwy parod i deimlo'n hyderus i ganu gyda balchder fel y gwnaeth y Trwynau Coch flynyddoedd yn ôl, 'Wastod ar y tu Fas'.

21 Mehefin 2002

Syched y blodau

Ers tro byd mae llawer wedi cael pleser pur wrth gymeryd rhan mewn gemau o gicio neu daflu peli o un ochr i'r llall ac ymhyfrydu ymhellach bob tro mae pwyntiau yn cael eu sgorio. Hyd yn oed os nad ydym yn ddigon egnïol i gymeryd rhan ein hunain, efallai y cawn lawn gymaint o bleser wrth ishte ar yr ochr a gwylio eraill yn taflu a chicio'r peli a ninnau wedyn yn gweiddi'n groch mewn cymeradwyaeth frwd a chefnogaeth selog. Ar y llaw arall byddwn yr un mor barod i floeddio'n gwrthwynebiad gan fod yn ddilornus ac anfodlon ar yr hyn a welwn wrth i'r bêl ddisgyn, un ochr neu'r llall.

Gyda llaw, 'dwy ddim yn sôn am gystadleuaeth Cwpan y Byd na Phencampwriaeth Wimbledon, ond sefyllfa'r Gymraeg. Dyna fel mae wedi bod am flynyddoedd maith. Pêl yn cael ei thaflu o un ochr i'r llall, i eraill sgorio pwyntiau.

Mae'r sefyllfa nawr yn ddigon tebyg i ddau hedyn a blannwyd mewn daear. Mynegodd un awydd i dyfu gan fynnu gwthio'i wreiddyn yn ddyfnach i'r tir. Medrodd flaguro drwy'r tir caled ac egino'n hyderus a chryf. Gwnaeth dyfu. Roedd y llall yn ofni gwthio'i wreiddyn yn ddyfnach i'r ddaear. Roedd yn betrusgar o'r tywyllwch, yn pryderu ymhellach y byddai'r planhigyn yn ei niweidio wrth dyfu. Penderfynodd sefyll tan oedd pethau yn ddiogel. Safodd a safodd hyd nes yn y diwedd daeth hen iâr o gwmpas, gan grafu'r tir a bwyta'r hedyn.

Hoffais y gymhariaeth honno a glywais mewn cynhadledd dro yn ôl wrth i'r siaradwr ein hannog i geisio holi ein hunain pa mor effeithiol y'n ni. Dychmygwch, meddai, bod angen i chi ddyfrhau blodau. Y cyfan sydd gyda chi yw un bwcedaid o ddŵr. Beth sydd fwyaf effeithiol? Rhoi'r dŵr hynny i'r ardd gyfan, ei wasgaru bobman fel bod pob un planhigyn yn cael diferyn bychan? Yn y pen draw byddai'n gwbl annigonol i ddiwallu syched y blodau. Byddai'r craster yn eu gwywo. Neu arllwys y cynnwys i un potyn fel bod y blodau hynny o leiaf yn medru byw a blaguro ymhellach?

Onid oes 'na lawer o bethau mewn bywyd, fel ceisio achub a diogelu iaith, lle nad yw hi yn gwneud y tro bellach aros neu wasgaru adnoddau yn rhy denau? Mae cymaint o bethau lle mae angen chwistrelliad go drwm o weithgarwch ac egni a lle nad yw hanner ymdrech yn effeithiol nac felly yn gwneud y tro.

28 Mehefin 2002

Annibyniaeth America

Heddiw, ledled America, mae'n ddiwrnod dathlu. Dydd Gŵyl i nodi annibyniaeth. Roedd y gwladychwyr Prydeinig yn grac am fod y Brenin Siôr III wedi gosod trethi ar y drefedigaeth, fel roedd hi'n cael ei galw yr adeg honno. O ganlyniad ar 4 Gorffennaf 1776 aethant i ryfel a barhaodd 7 mlynedd hyd at 1783. Arwyddwyd Cytundeb Heddwch yn cydnabod hawl yr Amerig i annibyniaeth.

Yn ein cyfnod ni mae'r Unol Daleithiau wedi cynorthwyo rhai gwledydd i fod yn annibynnol, ond dagrau pethau yw eu bod hefyd wedi rhwystro eraill rhag cyrraedd sefyllfa debyg. O fewn eu tiriogaeth mae yna falchder yn y delfrydau sydd yn y Datganiad a dderbyniwyd fel cyfansoddiad gan ei Senedd.

Er bod cyfeiriad at ryddid, cydraddoldeb a chyfiawnder yn y Cyfansoddiad, eto mae cynifer wedi methu gwireddu hynny pe bawn i ond yn meddwl am gaethiwed y Negro a thriniaeth gywilyddus y gwynion at y brodorion Indios fel y galwodd Columbus nhw wrth iddo gamu ar y tir yn 1492. Mae'n rhyfedd fel mae gormes un yn rhwystro annibyniaeth arall.

Gallwn naill ai edmygu pobl annibynnol neu eu hofni a'u cadw hyd braich. Mae'n anodd gwybod sut i'w trin na gwybod beth i'w ddisgwyl ganddynt am nad ydynt yn cydymffurfio gyda'r drefn. Diolch fod ambell un yn barod i sefyll mas, a nofio yn erbyn y llif. Yn aml bydd angen un ddafad sydd yn wahanol i'r lleill yn y praidd, gan grwydro ei ffordd ei hunan rhag cael ei chorlannu. Ar brydiau mae hynny yn medru bod yn daith anodd, unig a chostus.

Wrth feddwl heddiw am annibyniaeth yr Amerig alla'i byth â pheidio â meddwl hefyd mor braf fydd hi yma yng Nghymru pan fyddwn ninnau hefyd yn medru dathlu elfen o annibyniaeth, dim ond i ni fedru croesi'r gamfa tuag at y stad honno heb ymladd rhyfeloedd gwaedlyd.

Ar yr hewl o Dalgarreg i Gapel Cynon mae yna dŷ a fu unwaith yn gartref i'r bardd Sarnicol. O fewn tafliad carreg i'r tŷ hwnnw mae yna Garreg Wen y canodd amdani

Ar ben y lôn mae carreg wen
Yr un mor wen o hyd.
A phedair ffordd yn mynd o'r fan
I bedwar ban y byd.

Ymhlith llu o gerddi ac epigramau a gyfansoddwyd ganddo mae'r canlynol:

I adar bach mewn nyth, doeth yw
Trigo mewn hedd os gallan.
Y peryg mawr o fethu byw'n
gytûn yw syrthio allan.

Yr her yw defnyddio annibyniaeth i gryfhau'r gallu a chanfod gwell dealltwriaeth i fyw'n gytûn heb syrthio allan, heb gwympo mas. Byddai'n hawsach wedyn gwireddu dymuniad yr Americanwr, 'Have a Nice Day'.

4 Gorffennaf 1997

Carreg ateb

Tybed a ydych yn cofio'r profiad cyntaf o ddarganfod carreg ateb. Rwy'n cofio'r achlysur yn fyw iawn. Mae'r profiad wedi'i saernïo yn y cof yn glir ers dyddiau plentyndod. Dyna chi sbort. Clywed gair yn cael ei ail adrodd..odd..odd. Carreg eco neu garreg atsain yn gofalu bod geiriau'n cael eu hadleisio yn y pellter. Y llais..ais ..ais yn cael ei daflu yn ôl drachefn..efn. Bron nad oedd e fel pe bai'r llais yn gwatwar yn ôl.

Ddoe roeddwn mewn gwasanaeth dadorchuddio Maen Coffa ar wal capel i gofio am fywyd a gwasanaeth cyn-weinidog i'r capel, sef y bardd, yr hanesydd a'r darlithydd Dr Elwyn Davies. Roedd yna gerrig coffa eraill ar welydd y capel ac mae'n siŵr bod yna enghreifftiau tebyg ar welydd nifer fawr o'n capeli ni. Y cerrig coffa fel cerrig eco yn adleisio wrth i ni gael ein hatgoffa am wychder a gogoniant ddoe.

Drwy fod yn dyst i'r weithred o ddadorchuddio carreg goffa y'n ni yn gwneud llu o bethau gwahanol. Byddwn yn cofio, diolch, parchu, gwerthfawrogi, cydnabod, anrhydeddu, clodfori, canmol, dyrchafu, arddel a rhoi gwrogaeth. Ond mae hefyd yn gyfle i wneud datganiad. Mae'n gyfle i ofalu bod talp o'r gorffennol yn sefyll a bod ddoe yn dal gyda ni heddiw. Mae hefyd yn ffordd i ofalu bod heddiw yn parhau ac yn weladwy yfory.

Serch hynny, rhaid cofio taw defnyddio'r rhain i edrych

yn ôl yn unig a wnawn, ac nid i gamu'n ôl a sefyll yno'n barhaol. Gall hynny fod yn forbid. Rhaid defnyddio'r achlysur i wneud datganiad ein bod am gamu ymlaen a bod cyfraniad y rhai a gofir yn ystyrlon. Nid yw'r hyn a wnaed ganddynt ddoe wedi mynd yn angof llwyr.

Wrth gamu ymlaen nid yw popeth a wnaed ddoe yn dod gyda ni ar y daith yn ei gyfanrwydd. Ambell waith dim ond eco sydd o'r hyn a fu, yn union fel clywed rhan o'r llais yn cael ei daflu'n ôl gan y garreg ateb.

5 Gorffennaf 1999

Darlith y Cnapan

Wrth fynd ar y siwrne o Gastellnewydd lle rwyf yn gweithio i Hwlffordd, rhaid mynd drwy Genarth ac Eglwyswrw ac ymlaen dros fynyddoedd y Preselau. Mae'r daith dri chwarter awr yn un fendigedig oherwydd bod golygfeydd godidog i'w gweld. O ganlyniad i alwadau gwaith, bues ar y siwrnai honno ddoe. Ond yn wahanol i'r arfer mi roedd yna ryw gyffro anghyffredin. Mae'r diolch am hynny i'r cyn Archdderwydd Jâms Nicholas oherwydd y noson gynt, sef echnos, fel rhan o weithgarwch Gŵyl y Cnapan mi roeddwn ymysg llond ystafell o rai eraill digon ffodus a fu yn gwrando arno yn traddodi darlith flynyddol y Cnapan. Testun y ddarlith feistrolgar oedd brwydrau Waldo Williams yn erbyn y sefydliad a'r awdurdodau, a'r ffordd y gwnaeth hynny ddylanwadu ar ei farddoniaeth ac effeithio ar ei fywyd.

Ddoe wrth deithio yn ardal Waldo roedd geiriau Jâms yn tasgu o gwmpas y meddwl gan greu cyffro. Siwrnai a fyddai fel arfer yn un esmwyth yn troi'n un anesmwyth. Yn lle bod yn fodlon, teimladau o anfodlonrwydd. Mae'n medru bod yn brofiad aruchel pan mae'r cyffredin yn troi'n anghyffredin; yr arferol yn troi'n anarferol a'r naturiol yn troi'n annaturiol.

Nos Sul ddiwethaf i gychwyn Gŵyl y Cnapan fe gynhaliwyd Cymanfa Werin. Cafwyd hwyl anghyffredin yn canu caneuon gwerin megis 'Fy Ewyrth Dafydd – Patriarch

Felindre', 'Cobler Du Bach', a'r 'Hen Ferchetan'. Cafwyd siwrnai digon hwylus yng nghwmni 'Deio i Dywyn' a hefyd ar fwrdd 'Fflat Huw Puw'. Caneuon cyfarwydd i gyd, ond yr hyn oedd yn anghyfarwydd oedd eu bod nhw yn cael eu canu mewn capel oedd ond lled cae i ffwrdd o'r babell enfawr a fyddai'n fwrlwm o weithgareddau y penwythnos nesaf. Yn wir nid oedd y farwnad i'r 'Mochyn Du' na'r hwyl a'r rhialtwch wrth ganu 'Moliannwn' ddim allan o'i le o gwbl.

Fe drowyd y cyfarwydd yn anghyfarwydd a'r cyffredin yn anghyffredin. Mae ym mhawb ohonom y gallu i wneud hynny. Pan ddown o hyd iddo cawn ein cyfareddu a'n hysbrydoli. Yn bwysicach falle, mae'r ddawn gennym i greu hynny ym mywydau eraill hefyd. Lle bynnag y'n ni, mewn Oedfa ar y Sul, neu'r wythnos yma yn Llangollen neu'r Cnapan, mae'n medru digwydd o'n cwmpas. Ysbrydoli a newid bywydau gan droi'r arferol yn anarferol a'r cyffredin yn anghyffredin. Gadewch iddo ddigwydd achos mae'n medru bod yn heintus.

11 Gorffennaf 1997

Cymeriadau

Dros y penwythnos diwethaf bûm yng nghwmni dau gymeriad mawr iawn. Hywel Heulyn Roberts oedd un, ac yntau'n 88 mlwydd oed. Lansiwyd ei hunangofiant *Tân Yn Fy Nghalon* yn neuadd pentref Rhydlewis gyda tua 200 o bobl yn bresennol. Roedd y digwyddiad arall yn Aberteifi. A'r cymeriad mawr yn fan'na? Shrek.

Dau gymeriad eithaf mawr o ran maint corfforol. Mae'r ddau wedi creu argraff a chyflawni cryn dipyn. Dau annwyl iawn a dau sydd wedi gwireddu eu dyheadau i gynorthwyo eraill.

'Dwy ddim yn siŵr a yw Hywel yn hoff o gael ei gymharu â Shrek. Gobeithio ei fod e'. Os nad yw mae'n siŵr y ca'i wybod gydag ef a hynny yn ei ffordd hynaws.

Thema ffilm newydd Shrek yw bod modd gwireddu breuddwydion. Iddo fe, ynghyd â'i gyd-drigolion, y peth mawr yw fod breuddwydio yn medru gweithio. A dyna yw thema bywyd Hywel Heulyn – byth ers iddo gael ei ddylanwadu nôl ym Medi 1936 adeg llosgi'r Ysgol Fomio. Deffrodd hynny ynddo yr ymdeimlad ei fod am dyfu i wasanaethu Cymru a diogelu a hyrwyddo'r Gymraeg gan arddel daliadau Cristnogol ymhob dim a wnâi, yn gymodlon yn ei holl weithgarwch am ei fod yn heddychwr o argyhoeddiad.

'Dwy ddim am ddatgelu gormod ynglŷn â chynnwys y ffilm gan fod rhai ohonoch heb ei gweld eto, ond mae

Shrek yn cael y cyfle i fod yn frenin. Yn lle cymeryd y clod ei hunan mae'n ceisio cael un arall i gymeryd at y cyfrifoldeb. A yw e'n llwyddo? Fe gewch yr ateb os ewch i weld y ffilm.

Drwy ei fywyd, yn arbennig yn ystod y cyfnod o ddeugain mlynedd bron fel cynghorydd a phwyllgorwr, gwasanaethodd Hywel i geisio gwella pethau i eraill. Ond fe fu'n rhaid iddo gael ei ddeffro yn gyntaf gan ddigwyddiad ysgytwol megis gweld y Tân yn Llŷn.

Gall pawb ohonom gael ein dylanwadu gan rywbeth neu'i gilydd. Y gyfrinach, mae'n siŵr, yw bod yn barod i gael ein deffro, i gael ein dylanwadu arnom ac yna i weithredu er daioni i eraill. Byddwn barod i gydio yn y cyfle. Mawr glod i'r rheiny sy'n codi ac yn dyrchafu eraill gan roi hunan-les o'r neilltu, a hynny ar adegau er mawr aberth iddynt eu hunain.

Onid y rheiny wedi'r cyfan sy'n destun llyfr gwerth ei ddarllen neu'n destun ffilm werth ei gweld?

12 Gorffennaf 2007

Ailgylchu

Cyn mynd o Dalgarreg i'r gwaith yng Nghastellnewydd Emlyn byddaf yn hebrwng y ferch hynaf, Heledd, i'r ysgol feithrin yn Neuadd y pentref. Yn ystod tymor yr ysgol mae'r ysgol feithrin leol ar agor dri bore yr wythnos. Daw tua dwsin o blant ynghyd yno i'r ystafell gefn yn y Neuadd lle mae Gwyneth a Bet, dwy hael eu cymwynas a'u caredigrwydd, yn gyfrifol am redeg y Cylch bob tymor.

Fel sydd yn gyffredin mewn cylchoedd ledled Cymru mae yna chwilio parhaol am bob math o ddyfeisgarwch gwahanol, nid yn unig i ddiddori'r plant ond hefyd am ddulliau gwahanol i godi arian i gael dau ben llinyn ynghyd. Mater yw hi yn aml o ddal llygoden a'i bwyta hi. Yr awgrym diweddaraf gan rieni'r Cylch yn Nhalgarreg ar gyfer codi arian yw ein bod yn mynychu amryw o'r arwerthiannau cist ceir gwahanol sydd ymlaen. Byddai hyn yn gyfle i waredu hen bethau nad oes defnydd iddynt mwyach, pethau sydd wedi mynd yn ofer, hen dranglwns a phethau diwerth. Dyma gyfle wedyn i eraill wneud defnydd ohonynt. Rhoi bywyd newydd i hen nwyddau tra ar yr un pryd yn codi arian at achos gwerth chweil. Felly y mae hi wrth gwrs gyda chynifer o elusennau yn agor siopau ail law. Ailgylchu fel bod gwerth newydd mewn hen ddeunydd.

Meddwl ar hyd y llinellau hynny roeddwn i ddoe wrth deithio mewn i Gaerdydd ar hyd y ffordd sydd yn arwain drwy'r Bae, lle mae cymaint o newidiadau wedi digwydd. Dociau hynafol y gorffennol wedi troi yn Fae Technegol y presennol. Ond wedi cyhoeddiad y Llywodraeth ddoe mae 'na bellach amheuaeth ynglŷn â'r datblygiadau. A fydd digon o gyllid ar gael? Os na fydd y cyllid hwnnw yn cael ei gyfeirio i'r Bae tybed a oes gobaith y caiff ei gyfeirio at Gylchoedd Meithrin tebyg i'n hun ni yn Nhalgarreg? Mae hynny'n siŵr o fod yn ormod i'w ddisgwyl.

Her sydd yn anodd i lawer ohonom ei derbyn yw gwaredu hen becynnau ddoe. Ond fe all fod rhywfaint yn hawsach os cânt eu troi at bwrpas newydd heddiw. Onid yw'r bilsen yn hawsach ei llyncu wedyn?

18 Gorffennaf 1997

'Home Start'

Y bore 'ma bydda i'n mynd i barti pen-blwydd 20 oed. Bues mewn parti tebyg ddoe ac echdoe – nid yr un person – ond yr un sefydliad – sef Cangen Ceredigion o'r Mudiad Rhyngwladol 'Home Start'. Ugain mlynedd yn ôl y sefydlwyd y gangen yma yn y sir, a dyna esgus da i gynnal parti! Mae'n fudiad a ddibynna'n llwyr ar wirfoddolwyr i estyn cymorth i deuluoedd sydd â phlant dan 5 oed ac sy'n ei chael hi'n anodd ar adegau wynebu cyfnod trafferthus yn eu bywydau. O bryd i'w gilydd y'n ni i gyd wedi teimlo'n helbulus ac wedi'i chael hi'n anodd magu plant; yn ynysig heb gynhaliaeth teulu cyfagos; yn anodd gwneud ffrindiau; neu'n ceisio delio â salwch corfforol neu feddyliol neu farwolaeth rhywun agos. Ar y cyfan, diolch i'r drefn, y'n ni'n tynnu drwyddi ond mae llawer yn methu.

Mae gwirfoddolwyr 'Home Start' yn rhoi o'u hamser i siarad, gwrando a helpu gan cynnig cyfle i'r rhieni gael seibiant. Wedi eu hyfforddi, fe ânt i fewn i'r cartrefi i gynorthwyo'r teuluoedd i ymdopi â'u sefyllfaoedd gwahanol gyda'r gobaith y do'n nhw drwyddi yn well, yn gryfach ac yn gadarnach gan fagu hyder ac annibyniaeth. Gwna'r cymorth a'r cyfeillgarwch dawelu'r meddwl wrth iddynt sylweddoli nad yw eu problemau'n unigryw nac yn anarferol. Fe ailgyflwynir elfen o hwyl a mwynhad i'r bywyd teuluol.

Ond – a dyma sy'n bwysig, fe gynigir y gynhaliaeth

honno heb farnu na chondemnio, na chodi tâl, gan fod yn barod i fynd yr ail filltir i geisio gwella iechyd a lles cymdeithas. Yma yng Ngheredigion mae'r Mudiad hefyd wedi sefydlu tri grŵp gwahanol sy'n cyfarfod mewn ardaloedd gwledig gan ddenu rhieni ynghyd am tua dwy awr neu dair, unwaith yr wythnos. Gyda nhw mae'r partïon yn cael eu cynnal dros y tridiau yma.

Gwneir hyn gan y sector wirfoddol, neu i ddefnyddio'r jargon modern, 'Y Gymdeithas Sifil' neu'r 'Gymdeithas Fawr', term a ddefnyddir i ddisodli'r hyn a alwyd yn 'Drydydd Sector'. Y rhyfeddod yw pe baen ni sy'n gweithio'n wirfoddol yn tynnu at ein gilydd y gwelem fod gyda ni ddigon o glowt i ddylanwadu ar bolisïau economaidd a thrwy hynny greu newid cymdeithasol fel sy'n dechrau digwydd yn yr Iseldiroedd, Sweden a'r Eidal. Fe all e ddigwydd yma hefyd – ac os wneith e, wel dyna i chi esgus am barti arall i ddathlu. 'Dwy'n siŵr y byddech chithau wrth eich bodd yn dod i barti o'r fath!

18 Gorffennaf 2012

Llun y pregethwr

Tybed sut mae pregethwyr ac offeiriadon yn teimlo ar fore Llun? Beth sydd yn mynd drwy eu meddyliau wedi'r gwasanaeth ddoe? Yr holl baratoi, yr ymchwilio, y darllen a'r meddylu, ac wedi'r holl drafferth cymaint o seddau gwag gan fod cyn lleied ohonom ni yn bresennol! Mae'n rhaid bod y cyfan yn cael rhyw effaith ddiflas.

Ond wedyn, gall pethau fod yn waeth – hyd yn oed pan fydd pobl yno yn ishte, 'sdim rhaid eu bod nhw'n gwrando! Ambell waith wrth siarad gyda rhai pobol, cawn y teimlad nad ydynt yn gwrando go iawn. Yr olwg pŵl ar yr wyneb a'r llygaid marwaidd sydd yn datgelu nad ydynt yn gwrando a bod y meddwl ar grwydr.

Gall hyn fod yn ddiflas, os nad bron yn dorcalonnus. Mae'n siŵr ei bod yn wa'th pan ddaw rhywun atoch a chyfaddef nad oeddent yn gwrando o gwbl. Mae'r geiriau wedi bod mor effeithiol â dŵr ar gefn hwyaden. Rwy'n cofio unwaith i rywun ddweud wrtha'i nad oedd wedi bod yn gwrando arnaf yn siarad ac yn fy meio i am hynny! Nid oherwydd bod diffyg ar fy llais, meddai, na chwaith am nad oedd gennyf rywbeth o werth i'w ddweud. Na, doedd e ddim wedi cael ei syrffedu na'i ddiflasu – diolch byth. Cyfaddef oedd e bod yr hyn yr oeddwn wedi ei ddweud wedi ei sbarduno i synfyfyrio ac wedi arwain ei feddwl i grwydro ymhell i gyfeiriadau gwahanol.

Wedyn, onid dyna yw amcan addoliad? Onid dyna'r gwahaniaeth rhwng darlith a phregeth neu rhwng araith a phregeth? Mewn darlith mae cyfle i rannu dealltwriaeth a chyflwyno gwybodaeth. Beth a wneir mewn araith yw rhannu syniadau a chanfyddiadau. Mae pregeth mewn oedfa i fod i wneud mwy o lawer – mae i fod i ennyn ac ysgogi ymateb.

Un ffordd o fesur effeithiolrwydd yw os gwelwn ni agwedd arall ar fywyd. Gweld pethau mewn persbectif gwahanol. Gwerth addoliad yw'r ymateb a ddaw o fod yn bresennol. Y geiriau yn gweithredu fel gwreichion i danio ymateb. Ambell waith fe â hynny â ni i gyfeiriadau gwahanol, ac fel pan mae'r meddwl ar grwydr, mae'n ddigon naturiol dilyn y llwybrau hynny. Bydd pen draw y daith yn dibynnu llawer ar ein man cychwyn adeg clywed y geiriau.

19 Gorffennaf 1999

Codi'n hwyr

Cael a chael oedd hi i mi gyrraedd mewn pryd y bore 'ma. Roedd hi bron â mynd yn sgrech arna'i. Codi'n hwyr i ddechrau, ac wrth frysio'n ormodol, pethau eraill wedyn yn mynd o'i le a'r cyfan yn arwain at achosi rhwystrau pellach. Diolch i'r drefn, mae'n daith gymharol dawel o'n tŷ ni i Lanbed. Gallai fod tipyn gwaeth pe bawn i'n gorfod gyrru ar draws rhyw ddinas neu drwy drefi a phentrefi poblog. Eto bu rhaid torri ambell i gornel yn go grop ac mae sefyllfa o'r fath yn gyfarwydd i lawer ohonom, mae'n siŵr. Mwyaf yr hast, mwyaf y brys a mwyaf y perygl bod rhywbeth yn mynd i fynd o'i le gan greu rhwystrau pellach.

'Sdim byd yn wa'th wrth deithio a ninnau yn hwyr na gweld golau coch yn sefyll yn stond fel mul o ystyfnig yn gwrthod newid i wyrdd. Y pentwr gwaith heb hanner ei gyffwrdd ac oriau'r dydd eisoes wedi eu llyncu. Gall hyn i gyd arwain at banig.

Dyna pryd y bydd y llinynnau hynny sydd yn ein galluogi ni i fyw yn weddol gytûn fynd yn fwy brau a bod mewn perygl o dorri. Dyna golli tymer falle! Wrth fod ar hast gallwn syrthio i'r trap o fod yn esgeulus ac yn ddi-hid o anghenion eraill. Ar y llaw arall wedyn, pan fydd cyfle gyda ni i hamddena yn braf gan fynd linc-di-lonc ar y siwrne, ni fydd rhuthr eraill yn cael gymaint o effaith arnom.

Eto rhaid i ni ar adegau ruthro a gwthio ein ffordd

drwyddo. Bydd mynd drwy arholiad a phrawf yn golygu bod rhaid gwthio drwyddo. Byddwn ambell waith yn gorfod gwthio ein ffordd drwy bwl o afiechyd. Wedi llawdriniaeth go gas byddwn yn sôn am y claf yn tynnu drwyddi. Fe ddown drwy gyfnod o siomedigaeth neu greisis neu gyfnod o alar.

Pan welwn hyn yn digwydd ym mywydau pobl cyffredin onid yw hefyd yn deyrnged go hael i'r hen natur ddynol? O oes, mae digonedd o le i gondemnio'r natur ddynol ond ar adegau o greisis a straen mae hefyd yn medru cynhyrchu'n dawel y dewrder a'r dyfalbarhad mwyaf rhyfeddol.

Mae llawer o bethau mewn bywyd lle mae rhaid cael y parodrwydd a'r dyfalbarhad i fedru gwthio drwyddo a chyrraedd y pen draw. Yn enwedig felly pethau sydd yn gwella ansawdd bywyd. Dyma'r pethau sydd yn rhoi rhuddin ym mywydau unigolion.

Ac onid yw'r pethau hynny yn bwysicach o lawer na chyrraedd mewn pryd i'r gwaith?

25 Gorffennaf 1997

Cerrig y môr

Nid dim ond Maes Sioe Llanelwedd sydd yn denu'r torfeydd yr wythnos yma ond ers y penwythnos mae yna gynnydd wedi bod yn nifer yr ymwelwyr sydd wedi tyrru i'n traethau ni. Mae dau reswm siŵr o fod yn gyfrifol am hynny – gwyliau'r ysgolion wedi cychwyn a'r tywydd hynod ffafriol.

Yma yng Ngheredigion mae chwech o'r traethau wedi ennill gwobr y Faner Las ac mae'r rheiny fel y gallech chi ddisgwyl yn hynod boblogaidd. Traethau y'n nhw sydd â digonedd o dywod ynddynt. Nawr 'yn hunan, mae'n well gyda fi fynd i'r traethau eraill lle nad oes gymaint o dywod, a mwy o gerrig – yn un peth maen nhw'n llai poblogaidd, ac yn aml mae tipyn o gymeriad yn perthyn iddynt.

On'd does yna rywbeth gwahanol mewn cerrig glan y môr? Does gyda nhw ddim ochrau miniog, felly dy'n nhw ddim yn llym nac yn siarp. Mae miloedd ar filoedd ohonynt, ac maen nhw i gyd yn llyfn a chrwn. Maen nhw wedi cael eu siapio wrth i donnau'r môr olchi drostynt dros y canrifoedd. Llanw'r môr yn llifo drostynt gan rwbio'r cerrig yn erbyn ei gilydd a'u rowndio a'u siapio gan ddileu'r ochrau siarp.

Mae'n rhyfedd – mae'n bywydau ni yn cyffwrdd â'n gilydd, boed fel teuluoedd a chymdogion, fel crefyddwyr neu drigolion gwlad, gan flendio a chydweddu, ac eto mae'r hen ochrau siarp hynny yn dal i achosi niwed wrth i ni ddolurio'n gilydd. Mae gennym ein hanes a'n traddodiad – odyn, maen nhw yn wahanol, ond pam na allwn eu parchu am yr hyn ydynt? Y'n ni i gyd wedi derbyn sylfaen i'n bywydau yn ogystal â derbyn gwerthoedd a thraddodiadau, a'r cyfan fel tonnau'r môr yn golchi drosom. Fysech chi'n meddwl hefyd fod y profiadau gwahanol y'n ni gyd wedi eu cael wedi'n siapio a'n gwneud yn barotach i gyd-dynnu a chytuno.

Mae'n ddarlun pert pan fyddwn yn oddefgar dros bethau sy'n gyffredin – ein gwerthoedd, ein dyheadau am ryddid a chyfiawnder cymdeithasol, gan ei gwneud hi'n hawsach i fod yn adeiladol a'n gwneud ni'n barotach i sefyll ochr yn ochr. Dyna i chi gerrig pert i adeiladu arnynt.

Gobeithio y gallwn orffen mwynhau taflu cerrig at ein gilydd. Os byddwch chi'n mynd i'r traeth ac am godi cestyll 'sdim rhaid cael bwced a rhaw – defnyddiwch y cerrig yma yn lle hynny.

25 Gorffennaf 2012

Priodas

Dros y penwythnos bu'r pedwar ohonom fel teulu lan yng ngogledd Cymru. Yn ddigon ffodus mi roedd cyfle i weld rhai ffrindiau, ond oherwydd prinder amser methwyd â gweld eraill. Y prif reswm dros yr ymweliad oedd rhannu dathliadau priodas ffrindiau mynwesol. Daeth tua 60 ohonom ynghyd i'r achlysur, a oedd, os ca'i ddefnyddio'r gair, yn un 'anarferol'. Sicrhawyd bod y digwyddiad yn un a fydd yn sefyll yn y cof am byth.

Doedd dim morwyn na gwas priodas. Pa ishe! Mae'r ddau yn ddigon abl i sefyll ar eu traed eu hunain, yn ymgyrchwyr pybyr ac yn ddigon huawdl i wrthsefyll sawl brwydr gan hyd yn oed wynebu llysoedd a charchar. Dim dillad crand a ffansi, na'r gwisgoedd confensiynol, traddodiadol y'n ni'n eu cysylltu â phriodasau, sef y pethau drud costus a gwastrafflyd sydd i'w defnyddio ond unwaith mewn oes yn unig. Roedd y rhan fwyaf o'r addurniadau wedi'u gwneud gan naill ai'r priodfab neu'r briodferch eu hunain – hynny wedyn yn taro i'r dim i ddau sy'n artistiaid ac yn gwario llawer o'u hegni a'u hamser yn brwydro dros drueiniaid Nicaragua neu yn erbyn gwastraff ein byd lle gorfodir i'n tlodion fynd yn dlotach. Mi roedd y 'trimings' i gyd yn syml a chwaethus, a'r gwasanaeth ei hun wedi ei gynllunio yn fanwl a gofalus ac yn llawn symbolaeth ac ystyr. Fel rhan o'r neithior, a gynhaliwyd mewn neuadd bentref leol, aethom am dro ar hyd traeth cyfagos fel bod modd i ni'r oedolion a'r plant fedru mwynhau ac ymlacio. I mi, penllanw'r cyfan oedd y gair herfeiddiol oedd wedi ei gerfio ar y fodrwy briodas – 'Rhyddid 99'.

Dyma ddatganiad godidog, yn enwedig o gofio taw modrwy briodas oedd hi. Wrth feddwl am briodas byddwn yn aml yn cellwair a chyfeirio'n ysgafn at golli rhyddid. Jôcs doniol i ddweud bod y stad briodasol yn garchar ac yn caethiwo. Nid rhwymyn i'n llyffetheirio yw'r hyn sydd yn ein clymu at ein gilydd. Roedd y datganiad ar y fodrwy yn troi'r doniolwch wyneb i waered.

Kahlil Gibran a fynegodd y cyfan am briodas mor drawiadol o effeithiol:

- llenwi cwpanau'n gilydd, heb yfed drwy'r amser o'r un cwpan
- rhoi i'r llall ei dafell o fara, heb fwyta drwy'r amser o'r un dorth
- cyn y gall telyn greu cerddoriaeth, rhaid i'r tannau sefyll ar wahân
- tebyg i adeilad sydd yn cael ei gynnal gan bileri gwahanol.

Na, ni all yr un planhigyn dyfu os yw cysgod y llall yn ei lethu. Ym mhob priodas rhaid rhoi ysbaid i'r naill a'r llall i fod yn unigolyn. Am bron i 7.30 y bore mae'n annhebygol heddiw bod y pâr sydd ar eu mis mêl yn gwrando ar y radio ond mae'n siŵr y bydd llawer ohonoch chi'r gwrandawyr am ymuno gyda mi i ddymuno'n dda i Angharad Tomos a Ben Gregory ar eu priodas.

26 Gorffennaf 1999

Darn newydd o hewl

Ar y ffordd i Lanbed, ryw filltir a hanner o Dalgarreg a chyn cyrraedd Tafarn Bach, mae yna ddarn newydd o'r hewl. Beth all e fod? Dim ond rhyw chwarter milltir o hyd os hynny. Dros y mis neu ddau ddiwethaf mae yna weithwyr sydd wedi bod yn trwsio'r ffordd. Am tua wythnos bu'r ffordd yn gau yn gyfan gwbl wrth i'r graig gael ei cheibio a chryfhau'r darn hewl gyferbyn oedd yn araf bach yn llithro lawr y dibyn. Am wythnosau wedyn bu goleuadau traffig i reoli'r drafnidiaeth fel bod gweithwyr yn medru cario ymlaen gyda'u gwaith.

Bellach mae pob perygl drosodd, yr anghyfleustra wedi ei lwyr anghofio. Diolch byth, mae'n hawsach teithio erbyn hyn ar y darn byr o hewl oedd unwaith yn anodd a digon lletchwith. Mae nawr yn wastad a gallwn deithio yn ddi-rwystr a didrafferth.

Mae gan grefydd Bwda ddywediad sydd yn dweud bod bywyd yn debyg i daith a honno'n daith anwastad. Ar adegau mae'r siwrnai yn medru bod yn llawn rhwystrau, fel y cawn y teimlad ein bod yn cael ein taflu o un gnoc i un glatsien arall.

Mae'n siŵr i ddweud taw un ffordd o fesur ein gwerth yw sut y'n ni yn llwyddo i deithio ar hyd ffyrdd anwastad. Allwn i ddim mo'u hanwybyddu er y byddwn ar adegau yn gwrthod eu cydnabod. Ond mae e' yn wir, on'd yw e', bod llawer o'r rheiny sydd wedi ceisio eu gwadu yn darganfod bod hynny, os nad yn fuan, yn weddol sicr yn nes ymlaen, yn eu harwain i drafferthion pellach.

Fe fyddwn ni y bobl leol sydd yn gyfarwydd â'r ffyrdd yn gwybod am y rhwystrau, ac yn reddfol yn cymeryd gofal wrth deithio ar y darn yma o'r ffordd. Dyna'r rhagoriaeth o adnabod ein gilydd, a'r adnabyddiaeth hynny yn arwain at gydymdeimlad a goddefgarwch, gan gyrraedd yn y pen draw i'r fan honno rywle tua diwedd y daith lle mae yna ddealltwriaeth a'r gallu i dderbyn ein gilydd yn gwmws fel yr ydym, gan gynnwys ein ffaeleddau.

Gwae ni os ydym mor brysur, wedi ymgolli yn llwyr yn ein byd bach ein hunain, fel na allwn oddef y cnociadau a ddaw wrth deithio sydd, wedi'r cyfan, yn niwsans ac yn rhwystrau. Mae hyn yn wir am gymaint o bethau ond, yn wahanol i'r hewl, allwn ni ddim mo'u hunioni nhw na'u gwneud yn wastad. Na, dim ond ceisio gwneud ein gorau i fod yn oddefgar a, rhywbeth sy'n siŵr o fod yn bwysicach yn y pen draw, bod o gymorth hefyd.

1 Medi 2005

Blwyddyn ysgol newydd

Dyma ni ar drothwy dechrau blwyddyn ysgol newydd.

Dim ond wythnosau yn ôl roeddwn yn ymfalchïo yn llwyddiant gyrfaoedd academaidd ein disgyblion ysgol. Dyma ni'r wythnos yma yn ailgychwyn ar y flwyddyn addysgol newydd i baratoi disgyblion i fod yn ddinasyddion llawn. Bydd y penllanw i'w weld adeg cyrraedd pen draw'r siwrnai academaidd wedi i'r athrawon ddilyn canllawiau tynn gofynion y Cwricwlwm Cenedlaethol. Ar ddiwedd y daith dyna'r ffon i fesur a'r dafol i bwyso pethau. Ond mesur beth – gallu, dawn i gofio a throsglwyddo gwybodaeth dros gyfnod o amser? Dadansoddi, dehongli a deall, a hynny mewn amryw o bynciau? Peidiwch â chamddeall, mae'r rhain yn bethau i'w canmol. Ond mae yna ryw bethau eraill, onid oes?

Ddydd Sadwrn, dair milltir o Lanbed, roeddwn yn bedyddio merch fach dair oed o'r enw Emily Maria – ei thad yn Gymro lleol a'i mam o'r Wcráin. Roedd y fam fedydd o Rwsia. Yn bresennol roedd Pwyliaid, Hwngariaid a phobl o wledydd eraill. Yn y gwasanaeth darllenwyd geiriau 'dwy am ei rhannu nhw gyda chi'r bore ma:

Os yw plentyn yn byw gyda beirniadaeth, bydd yn dysgu condemnio a gweld beiau;
Os yw plentyn yn byw gyda gelyniaeth bydd yn dysgu ymladd;
Os yw'n byw gyda gwawd a gwatwar bydd yn dysgu bod yn swil;

Os yw plentyn yn byw gyda chywilydd a gwarth bydd yn dysgu teimlo'n euog.

Dyna bethau negyddol i'w hosgoi – ond mae yna ochr gadarnhaol.

Os yw plentyn yn byw gyda goddefgarwch bydd yn dysgu bod yn amyneddgar;
Os yw plentyn yn byw gydag anogaeth a chefnogaeth bydd yn dysgu bod yn hyderus;
Os yw'n byw gyda chanmoliaeth bydd yn dysgu gwerthfawrogi;
Os yw'n byw gyda thegwch bydd yn dysgu bod yn gyfiawn;
Os yw'n byw gyda sicrwydd bydd yn dysgu bod yn ffyddiog;
Os yw'n byw gyda chymeradwyaeth bydd yn dysgu hoffi ei hunan.
Os yw plentyn yn byw gyda chanmoliaeth bydd yn dysgu darganfod cariad yn y byd.

Geiriau a gyhoeddwyd gan y **Peace Pledge Union** yw'r rheina. Falle nad ydynt yn rhan o unrhyw Gwricwlwm Cenedlaethol na Chynllun Gweithredu. Ni fydd yn bosibl eu hasesu na'u rhoi yn rhaglen Rheoli Perfformiad yr un athro na chwaith yn rhan o Gynllun Datblygu yr un ysgol.

Dyna drueni. Ond wedyn falle'u bod nhw yno. Ninnau sy'n methu sylweddoli am nad oes gyda ni ddim i fesur – heblaw profi a synhwyro fel y digwyddodd echdoe ym medydd plentyn tair blwydd oed gyda chymaint o bobl o gefndiroedd amrywiol yn bresennol.

1 Medi 2008

Dal gafael

Dy'n ni ddim wedi byw gartref yn Nhalgarreg ers sbel o amser gan fod gwaith addasu ac atgyweirio wedi cael ei wneud i'r tŷ – ond y'n ni'n dechrau symud pethau yn ôl. Yn naturiol rwy'n edrych ymlaen at ddychwelyd i'r hen le cyfarwydd sydd wedi bod yn gartref i mi ers bron dri deg pum mlynedd.

Dyna lle mae problemau pellach yn dechrau ymddangos. Dyw popeth oedd yno ddim yn ffitio nac yn siwtio. Pethau oedd gynt yn ddefnyddiol bellach ddim yn gwneud y tro nac yn addas. Bydd rhaid taflu ambell i garped, newid ambell pâr o lenni, gwaredu celficyn neu ddau hyd yn oed, pethau a fu ar hyd y blynyddoedd yn ddefnyddiol.

Mae'r ysgolion bron ag ailagor. Tymor newydd yn dechrau wedi seibiant gwyliau'r haf. Y noson o'r blaen roeddwn yn helpu'r wraig i dynnu hen furluniau a lluniau oddi ar welydd ei dosbarth fel y gall osod rhai newydd yn eu lle i'r plant newydd a fydd yn cychwyn tymor newydd, a rhai yn gwneud hynny am y tro cyntaf. 'Yn hunan o'n ni yn ffaelu gweld beth oedd o'i le ar yr hen luniau oedd ar y welydd – yn gwmws fel o'n ni yn ffaelu gweld pam nad yw'r hen lenni, yr hen garpedi a'r hen gelfi yn gwneud y tro yn y tŷ gartref. Ond wedyn 'dwy'n dipyn o ddinosor. Gwell gen i fod fel wiwer sy'n casglu'r cnau ond yn lle eu bwyta'n nes ymlaen – eu cadw nhw.

Gall 'dal gafael' yn ormodol, a bod yn eithafol wrth gadw pethau, fod yn broblem ddifrifol os nad yn salwch sydd angen cymorth meddygol i'w wella.

A dyna'r her – gwybod pryd i waredu a beth i'w gadw. Mae'r her honno yn wynebu pawb ar lefelau neu raddfeydd gwahanol, o'r aelwyd gartref i lwyfan ein byd megis yn Libya, a mawredd, mae'n galler bod yn broses boenus a gofidus. Y tensiwn rhwng y rheiny sy'n dweud cadwch bopeth fel maen nhw, a'r rheiny a ddywed newidiwch neu gwaredwch.

Os yw'n wir am bethau materol fel dodrefn a llenni neu chwaraewyr pêl-droed sydd, o ddoe ymlaen, yn chwarae i dimoedd gwahanol, neu hefyd drigolion gwledydd lle mae trefn lywodraethol wedi newid, onid yw e yr un mor wir hefyd am ein safbwyntiau, ein daliadau a'n hagweddau, a hyd yn oed ein teimladau a'n syniadau ysbrydol? Onid oes rhaid derbyn fod y rhain hefyd yn medru newid?

2 Medi 2011

NATO

Dyma'r diwrnod wedi cyrraedd – wedi'r holl drafod a pharatoi a gwario daw'r gwleidyddion i gychwyn trafodaethau yng nghynhadledd NATO yng Nghasnewydd. Sefydlwyd NATO yn Ebrill 1949 a dyma'r chweched cynhadledd ar hugain. Mae NATO yn Gynghrair Rhyngwladol sy'n cynnwys 28 o wladwriaethau gwahanol i gyd yn gytûn: pe byddai ymosodiad yn erbyn un o'r gwladwriaethau, byddai gyfystyr ag ymosodiad ar y cyfan oll, felly byddent yn barod i gynorthwyo gyda lluoedd arfog. Cofiwch, mae arfau niwclear ym meddiant tair o'r gwladwriaethau – Israel, America a Phrydain.

Mae'r dyhead am ddiogelwch yn rhywbeth sydd i'w ddeall, ond wedyn beth yw sicrwydd a diogelwch? Rywbryd fe awn i gyd yn sâl, heneiddio a marw. Bydd pobl yn ein gadael, cawn ein synnu a gwelir newidiadau. Onid yw'r rhain i gyd, a mwy, yn ergyd i ddiogelwch? Does bosib fod y fath beth felly â diogelwch llwyr!

Onid oes yna ryw ddeuoliaeth neu eironi yn y sefyllfa? Pan ddaw diogelwch yn brif amcan yna fe fydd cyfyngiadau ar deithio; pan mae diogelwch yn ganolbwynt i'n bywydau awn ni ddim ymhell – wnawn ni ddim anturio y tu fas i'r cylch cyffyrddus na chwaith mentro, rhag cael ein herio, a'n drysu. Wnawn ni ddim agor y meddwl i brofiadau newydd a chwilio am ffyrdd newydd. Gwell 'da ni lynu yn dynn wrth yr hen ffordd saff a diogel.

Oni ddaw gwir ddiogelwch drwy'r gallu i oddef y dirgelwch a'r rhyfeddod ynghyd â'r gwahaniaethau? Does dim modd prynu na gofalu am wir ddiogelwch drwy fomiau ac arfau – mae yn ddyfnach na hynny. Fel sy'n cael ei ddweud – nid ie, ond **na** 'to i'r syniad bod bomiau ac arfau yn ffordd i greu diogelwch!

4 Medi 2014

Bywyd bach newydd

Ers dros wythnos mae yna ychwanegiad i'n teulu ni. Bywyd bach newydd wedi cyrraedd y tŷ. Mae'r ddwy ferch wrth eu bodd yn llawn ffws yn gwarchod a gofalu. Y noson o'r blaen wrth glywed y peth bach yn llefen roeddynt gyda'r cyntaf yn codi i weld beth oedd o'i le. Yn barod i gysuro a magu a sicrhau ei bod yn gyffyrddus, ac yn ofalus wrth drefnu digonedd o fwyd, a mawr oedd y paratoi hyd yn oed ymlaen llaw. Rhaid oedd prynu offer newydd gan nad oedd yr hen bethau'n gwneud y tro. Ro'dd y rheiny wedi heneiddio ac wedi treulio wrth gael eu defnyddio gan eraill. Mae'r bywyd newydd yn mynnu sylw. Fel sydd yn digwydd, mae pobl yn galw i'w gweld ac ers ei dyfodiad i'r aelwyd 'dyw pethau ddim wedi bod yr un peth.

O, gyda llaw, anghofiais i ddweud, nid babi newydd sydd wedi dod 'co ond cath fach tua 9 wythnos oed. Mae'n ddireidus a chwaraegar. Y noson o'r blaen rhyfeddais wrth ei gweld yn dringo hanner ffordd lan y llenni! Mae ganddi'r greddfau naturiol sy'n perthyn i gathod – ond falle ei bod yn well peidio â mynd i fanylder a chyfeirio at ei harferion glanweithdra a'i hysfa i hela a diogelu ei hun. Odi, mae wedi rhoi tipyn o fwynhad i ni wrth ei dofi. Oes, mae ychydig o lwyddiant yn y broses o geisio rheoli natur.

Gwyddom pa mor greulon y gall natur fod. Rydym wedi gweld effaith corwyntoedd a grym dinistriol natur i ddifrodi, difa, distrywio a dileu. Ar y llaw arall mae'n bleser gweld ochr greadigol natur mewn sioeau gan wahanol anifeiliaid. Dyma ochr arall i'r geiniog. Dofi natur wrth i anifeiliaid gael eu hyfforddi i wneud tasgau a champau gwahanol.

Mae bob amser yn ddarlun prydferth pan fydd natur yn dod o dan reolaeth. Wrth gamu i dymor y cynhaeaf cawn ein hatgoffa mor rhagorol yw hi wrth i ddynoliaeth lwyddo i gyfeirio a rheoli natur, gan arwain at ysguboriau llawn. Nawr, os yw anifeiliaid yn medru cael eu dofi, a natur yn medru cael ei reoli, i ddileu'r anian gwyllt, pam tybed, o pam yn y byd, na ellir gwneud yr un peth i ni fel pobol?

7 Medi 2004

Mas o'r meddwl

Diddorol oedd darllen yn ddiweddar bod pawb ohonom yn cael tua hanner can mil (50,000) o feddyliau gwahanol mewn un diwrnod. Pwy tybed sydd wedi mynd i'r drafferth o'u cyfrif? Ond maent yn gryn dipyn o feddyliau. Mae rhai yn bositif ac yn gynhyrchiol ac eraill yn negyddol – yn ofnus a brawychus neu yn besimistaidd a gofidus.

Gyda'r rheiny, hyd yn oed, y cwestiwn yw beth y'n ni'n ei wneud gyda nhw. Gallwch eu dadansoddi, myfyrio arnynt a'u hystyried, neu benderfynu talu llai o sylw iddynt a'u hanwybyddu. Mae'n debyg mai dyma'r ffordd orau o ddelio gyda nhw. Yn ôl y sôn, dyma ffordd effeithiol i arwain at y tangnefedd mewnol ac iddynt beidio ag achosi problemau.

Pan y'n ni yn cael meddyliau, unrhyw feddyliau, rhaid cofio wedi'r cyfan mai dyna y'n nhw - meddyliau. Yr unig ffordd maen nhw'n mynd i frifo yw os y'n ni'n caniatáu iddynt wneud hynny.

Ofer a di-fudd yw cario gyda mi heddiw fethiannau fy mhlentyndod. Byddant yn tyfu fel caseg eira, yn creu berw yn y meddwl ac yn fy rhwystro rhag gwneud pethau.

Efallai fod yna gweryl wedi digwydd ddoe. Cweryl oedd yn perthyn i ddoe oedd hynny, nid i heddiw. Os yw e yn parhau heddiw, yna ni sydd yn euog o'i gario gyda ni. Os llwyddwn i anwybyddu'r syniad negyddol, yna falle y bydd yn bosibl arwain at fywyd mwy heddychlon heddiw. Wedi'r cyfan, fe fydd gyda ni yn ystod y dydd 50,000 o syniadau gwahanol eraill i lenwi ein meddyliau ni.

8 Medi 2003

I'r Ysgol Uwchradd

Mae wedi bod yn wythnos fawr yn tŷ ni gan fod y ferch hynaf yn cychwyn ysgol newydd wrth iddi symud ymlaen o'r ysgol gynradd i'r ysgol uwchradd. Siŵr o fod, mi allwch ddychmygu'r cynnwrf a'r cyffro oedd y dydd o'r blaen wrth iddi adael y tŷ a cherdded lawr i sgwâr y pentref i ddal y bws am y tro cyntaf.

Am rai eiliadau roedd y pedwar ohonom o dan yr argraff mai dim ond yn tŷ ni roedd drama o'r fath yn digwydd. Ond buan y gwnaethom sylweddoli fod yna olygfeydd tebyg yn cael eu llwyfannu mewn miloedd o gartrefi eraill ar hyd a lled ein gwlad a hynny bron â bod drwy'r flwyddyn; nifer yn fwy dramatig o lawer na gadael cartref i fynd i'r ysgol am y tro cyntaf. Pobl yn gadael cartrefi.

Odi, mae bywyd yn llawn o enghreifftiau o bobl yn gwneud hynny am wahanol resymau. Rhai yn gynhyrfus a chyffrous megis mynd i goleg; eraill bant i weithio neu sefydlu cartref am y tro cyntaf; rhai i fynd ar siwrnai anturus, falle, tra gall teithiau eraill fod yn fwy dolurus a diflas wrth chwilio am wellhad i afiechydon, neu wrth droedio ffyrdd ansicr wedi tor perthynas.

Beth bynnag yw'r achlysur a pha bynnag emosiwn sydd yn cael ei greu, bydd yna ddymuniad a dyhead i droi'r cloc yn ôl er mwyn osgoi troedio ar lwybrau o'r fath. Wedyn fyddai dim rhaid sychu dagrau bant. Unrhyw beth, â dweud y gwir, fydd yn ein hatal rhag gorfod wynebu'r siwrnai newydd. Ond ymlaen mae bywyd wastad yn mynd – byth tuag at yn ôl.

Fel rhan o'r daith ymlaen y'n ni yn gorfod dysgu hefyd sut i ollwng gafael a gadael i bethau fynd yn rhydd. Mae'n gwmws fel gollwng llaw plentyn sydd yn dysgu cerdded yn rhydd am y tro cyntaf. Oes, yn wir, falle bod sicrwydd a chadernid yn y gafael, ond nid yw e yn werth dim, os nad oes yna ollwng rhydd hefyd. Gŵyr y gwir athro pan ddaw'r adeg i ollwng llaw y myfyrwyr a hynny pan maent yn barod amdano.

Yn y gollwng rhydd bydd rhai pethau yn diflannu gan aros yn y cof yn unig. Pa gam bynnag y'n ni'n ei gymeryd, mi fyddai'n help os edrychwn arno fel y cam cyntaf ar gychwyn taith ac nid fel y cam olaf oedd yn gorffen siwrnai.

Onid yn y fan honno yn rhywle mae'r gyfrinach?

8 Medi 2005

Parch

Fe weles i rywbeth ddoe nad wy' wedi ei weld es blynyddoedd. Teithio o'n ni mewn hers i Amlosgfa Treforys ac ar ochr y ffordd ar gyrion Caerfyrddin dyma weithiwr cymharol ifanc yn tynnu ei helmed gwyn fel arwydd o barch. Doedd gydag e ddim syniad pwy oedd yr hers yn ei gario – eto roedd am ddangos parch. Dywedodd Cerdin y gyrrwr a'r trefnydd taw anaml iawn mae rhywbeth fel'na yn digwydd nawr.

Roedd gwraig annwyl iawn yn cael ei chario yn yr hers. Wrth alw yn ei chartref ar ochr y ffordd brysur ar gyrion pentref Alltyblaca, er ei bod yn gaeth i'w chadair roedd Jenny yn serchog gyda thwtsh o hwyl a hiwmor direidus yn perthyn iddi. Dangosai barch at eraill. Er bod salwch wedi gafael yn ei chorff roedd yna anrhydedd o'i chwmpas ac urddas yn ei phersonoliaeth. Bydd llawer ohonom yn cwyno am ben tost neu ddos o anwyd ac yn gwneud môr a mynydd o wddf tost. Er bod lle gan Jenny i gwyno roedd yn dal yn siriol gyda gwên ar ei hwyneb a direidi yn ei llygaid. Derbyniodd garedigrwydd a bu'n garedig. Medde Marc Twain am garedigrwydd: 'dyma air y gall y byddar ei glywed a'r dall ei weld'.

Do, fe brofodd Jenny garedigrwydd a bu hithau hefyd yn hael ei chyfraniadau, a rhoddodd groeso twymgalon i'w chymdogion a chyfeillion gan fod yn ddiolchgar am bob gofal a chymorth i wneud ei bywyd yn hwylus. Bu pobl yn ystyriol ac addfwyn a llonnwyd ei bywyd gan rai a fu'n ei chynorthwyo drwy eu gwaith dyddiol i'w cynnal yn ddiddos, clyd a chyffyrddus. Haelioni a charedigrwydd – pethau sydd ddim yn mynd i gael penawdau breision ar y newyddion na thudalennau di-ri ein papurau – eto mae'n werth atgoffa ein hunain taw'r rheiny sydd yn haeddu parch. O! trueni na fyddai mwy yn codi eu capiau i'r fath rinweddau.

8 Medi 2011

Ffair arfau

'Wy heddiw am gyfeirio at ffair – nid ffair lle mae plant ar gefn ceffylau bach yn troi mewn cylchoedd neu oedolion yn taflu peli i ennill coconyts; yn hytrach, Ffair Arfau. Bob dwy flynedd cynhelir un anferth yn Llundain, yn parhau am 4 diwrnod, gyda bron fil a hanner o stondinau arddangos yno.

O fewn y tîm sydd yn trefnu mae 150 o weision sifil, a'u briff yw hyrwyddo masnachu arfau. 'Na chi eironi, ac embaras – tra bod y Llywodraeth yn condemnio'r trais yn Syria, fory bydd arweinwyr unbenaethol yr un mor greulon yno ar wahoddiad. Bydd croeso yno hyd yn oed i'r rheiny sydd wedi darparu arfau i Assad.

Dyma ffenest siop i nwyddau angheuol ac eleni eto, gwahoddir busnesau ar draws y byd i fanteisio ar gyfle i fasnachu arfau – i ddelio a tharo bargen yn y ffair a ddisgrifir fel arddangosfa fwya'r byd o offer milwrol. Mewn cyfnod tyngedfennol yn Syria a'r Dwyrain Canol, onid yr hyn sydd ei angen yw ymdrechion i fygu a thagu tân rhyfel, nid ei fwydo â rhagor o arfau marwol?

Lladd pobl yw pwrpas pob arf, boed gonfensiynol neu gemegol. Onid yw denu mwy o gyfranwyr yn magu rhagor o gasineb? Ac o'u cael, anoddach yw terfynu'r atgasedd a'r ofnau. Eisoes mae chwech o sefydliadau Cristnogol wedi datgan y byddai'n foesol a chyfiawn gweithredu'n uniongyrchol ddi-drais yn eu herbyn. Os yw drygioni yn mynd i orchfygu yna'r cyfan sydd ei angen yw i bobl ddweud a gwneud dim.

9 Medi 2013

Amddiffyn

Yn ystod y tair wythnos diwethaf rwyf wedi torri i fewn i bedwar tŷ gwahanol. Roedd un ohonynt yn gymharol hawdd gan fod un o'r ffenestri llawr yn gilagored. Y cyfan wnes i oedd agor y ffenest, dringo, a chwap, mewn chwinciad dyma fi mewn. Gyda'r tri arall mi roedd yn fwy anodd oherwydd y bu'n rhaid torri'r cloeon.

Gobeithio na wneith yr un ohonoch chi sy'n gwrando fynd i'r drafferth i ffonio'r heddlu. Sdim angen. Doeddwn i ddim wedi cyflawni trosedd, er fy mod i, mae'n wir, wedi torri i fewn i eiddo preifat rhywun arall. Gwneud hyn yr oe'n i yn rhinwedd fy ngwaith bob dydd, achos 'mod i'n gweithio i gymdeithas dai leol. Ym mhob un o'r achosion roedd y rheiny oedd yn byw yn y tai wedi hen adael, a gwneud hynny'n ddirybudd. Wedi mynd drwy'r broses gyfreithiol dyma ail-gymeryd meddiant.

Fe ddywed y Sais mai ei gartref yw ei gastell. Felly y mae hi hefyd gyda ninnau sy'n gymdogion. Eto yn y pedwar achos o 'dorri fewn' mi roedd hi yn gymharol hawdd darnio'r gaer amddiffynnol oedd unwaith yn gastell. Ran amlaf mae'r eiddo yn hollol wag, ond lle mae hi'n dechrau mynd yn lletchwith yw pan fydd mân bethau personol wedi eu gadael ar ôl. Bryd hynny mae'r weithred o dorri i fewn yn peri anesmwythyd.

Allwn i byth â pheidio â meddwl am yr amddiffynfeydd a adeiladwn o'n cwmpas. Dyna wnawn ni i wrthsefyll ergydion bywyd. Y'n ni yn gorfod dysgu'n fuan nad yw hi yn talu'r ffordd bob tro i wisgo ein calonnau ar ein llawes fel bod pawb bob amser yn gweld y doluriau a'r briwiau. Y rhan fwyaf o'r amser mae angen preifatrwydd arnom. Eto fe ddaw adegau pan mae'n rhaid i ni fod yn barod i adael eraill i fewn i rannu gyda ni rhag ofn i'r cyfan droi'n feichus. Dyma'r deilema sydd yn ein hwynebu.

Mor hawdd heddiw yw edrych yn fanwl ar fywydau eraill. Lle bynnag mae yna ddolur bydd yna feicroffon a chamera yn sicrhau bod lluniau graffig byw yn cael eu dangos a sain clir yn cael ei glywed. 'Dwn i ddim amdanoch chi, ond i mi, mae'n galler bod yn deimlad anghysurus ac yn brofiad anghyffyrddus craffu ar ddoluriau eraill a hynny mor ddigywilydd o ddiwahoddiad.

14 Medi 2004

Gwirfoddoli

Mae Papurau Bro ledled Cymru wedi gwneud gwaith hynod o werthfawr. Os yw'r amcangyfrif yn gywir mae'n debyg bod tua 70,000 o gopïau o bapurau bro gwahanol yn cael eu cyhoeddi yn fisol. Mae nifer y darllenwyr yn fwy o lawer mae'n siŵr, gan fod o leiaf dri pherson mae'n debyg yn darllen pob un rhifyn.

Un o'r pethau sydd yn gwneud y papurau bro mor eithriadol yw fod cymaint o egni gwirfoddol y tu ôl i'w llwyddiant. Mae'n siŵr fod gan bob papur bro lu o wirfoddolwyr. Oni bai am eu brwdfrydedd a'u gweithgarwch diflino, digon posibl y byddai rhifyn olaf y papur wedi ei gyhoeddi ers tro byd. Os gwelwch chi'r rheiny heddiw, canmolwch nhw. Maent yn eu haeddu.

Mae cwestiwn yn cael ei daflu atom yn feunyddiol nawr, hyd yn oed ar Radio Cymru, sef 'pwy yw ein harwr', gyda chyfle inni enwi y person ddylai gael y gydnabyddiaeth o fod ymysg y 100 uchaf. Mae'n annhebygol y bydd unrhyw rai sy'n gweithio i'r papurau bro ymysg y 100 terfynol, ond maen nhw'n haeddu bod yno.

Gwirfoddolwyr yn aml yw asgwrn cefn ein cymunedau. Nhw sy'n clymu cwlwm cymdeithas. Sawl tîm pêl-droed pentrefol fu'n chwarae dros y Sul, a ddibynna ar wirfoddolwyr i'w hyfforddi a pharatoi'r cit; sawl drws capel ac eglwys a agorwyd a sawl adeilad a lanhawyd ac a wresogwyd gan fod gwirfoddolwyr yn barod i wneud y gwaith yn ddi-dâl?

Hebddynt byddai bywyd o'n cwmpas fel hen declyn a adawyd yn segur – dim ond yn magu rhwd. Ac onid yw hi yn wir dweud nad yw'r math yna o declyn yn werth dim?

15 Medi 2003

Arweinydd da

Mae'n dymor Cynadleddau'r pleidiau gwleidyddol. Unwaith eto, fel arfer, mae cryn bwyslais a phwysigrwydd yn cael ei roi ar rôl yr arweinwyr. Mae arwain yn joben anodd iawn, on'd yw hi? Nid yn unig mae'n rhaid ceisio gweithredu dyheadau'r dilynwyr drwy sicrhau nad ydynt yn cael eu siomi, ond hefyd rhaid bod cam bach y tu blaen i'r dilynwyr. Y ffordd i wneud hynny wedyn yw bod rhaid i bob arweinydd gael ambell i weledigaeth a goleuni o'r newydd er mwyn cynnig golygon a breuddwydion gwahanol – y pethau hynny na fydden ni, y meidrolion sydd yn dilyn, yn eu cael nhw o gwbwl. Dyna sut mae aros yn arweinydd. Ond wedyn, wrth gael golwg newydd ar bethau, sdim iws brasgamu ymlaen mor bell nes mynd allan o gyrraedd. Byddai hynny yn y pen draw yn aneffeithiol achos, yn syml, fyddai'r bobol ddim yno i ddilyn.

Mae dod o hyd i'r union gydbwysedd rhwng y ddau begwn yn hynod o anodd.

Neithiwr mi fues i mewn Cymanfa Ganu. Roedd hi'n bleser bod yno a chafwyd hwyl eithriadol ar y canu. Yn ogystal â'r pleser o wrando'r canu, roedd hi'n hyfryd gweld y berthynas ryfeddol yn datblygu rhwng Vernon yr arweinydd a Brian oedd yn cyfeilio ar yr organ. Y peth godidog oedd gweld perthynas rhwng dau berson allweddol yn llwyddo i'n cael ninnau fel cynulleidfa o gantorion i gyd-dynnu.

Fel pob arweinydd da, yn gyntaf fe wnaeth Vernon i ni deimlo'n gyffyrddus gan roi inni'r hyder ynom ni ein hunain. Wedyn dyma fe'n mynd ati i geisio tynnu'r gorau allan ohonom. Ond wnaeth e ddim ei gadael hi yn fan'na, achos yn ogystal, fe'n gwthiodd ni ychydig dros y ffin i wella eto ar y 'gorau'.

Os bydda i dros ddyddiau cynadleddau'r pleidiau gwleidyddol yn mynd i deimlo'n rhwystredig o glywed arweinwyr yn taflu beiau ac yn methu cyd-dynnu â'i gilydd, ac o weld pobol efallai o fewn yr un blaid yn tanseilio ei gilydd, bydd y profiad a gafwyd neithiwr mewn cymanfa yn fy atgoffa bod math arall o arweinyddiaeth yn bosibl – un sy'n tynnu'r gorau allan ohonom.

15 Medi 2008

Diolch

Diolch!

Does yr un gair sy'n cael ei ddefnyddio yn fwy cyffredin na'r gair 'diolch'. Dyma un o'r rhai cyntaf y bydd bron bob plentyn yn ei ddysgu. Fe'i defnyddir mewn areithiau ffurfiol ac mewn sgyrsiau cyffredin bob dydd. Ble bynnag yr awn byddwn yn ei glywed. Gallwn restru'n ddiddiwedd y defnydd a wneir o'r gair bach hwn sy'n llifo'n rhwydd dros wefusau. Gall olygu llawer iawn wrth iddo fod yn llawn mynegiant didwyll a dwfn. Dro arall efallai nad yw'n golygu rhyw lawer gan nad oes fawr o deimlad iddo – dim ond gair sy'n llithro'n ddifeddwl heb fawr o ystyr. Mynegiant yw diolch i ddangos nad y'n ni yn ddifater, yn ddi-hid nac yn ddidaro ynglŷn â rheolau cwrteisi a boneddigeiddrwydd. Methu dangos cwrteisi wnaeth y naw gwahanglwyf na ddychwelodd i ddiolch i'r Iesu am eu gwella pan oedd yntau ar ei ffordd i Jerwsalem.

Mae'n adeg tymor y gwasanaethau Diolchgarwch, a 'dwy wedi bod mewn dau ohonynt eisoes. Y'n ni yn dod ynghyd i ddiolch am gynhaeaf o ffrwythau, llysiau, a chyfraniadau byd natur.

Wrth i ni fod yn ymwybodol o'r newyn sydd yn ein byd, ni ddylem fod yn ddifater nac yn ddidaro am y cyflenwadau bwyd sydd gyda ni. Hynny yw, fe ddylen ni ddiolch. Mae hefyd yn addas ac yn briodol ein bod ni, sy'n dibynnu ar fwyd i fyw, yn ddiolchgar. Mae'n gyfle i ddiolch am gyfoeth a llawnder cynhaeaf gan deimlo elfen o ollyngdod, rhyddhad a bodlonrwydd nad ofer yw'r holl waith sydd wedi cael ei wneud. Yn wir, ers dyddiau ein cyndeidiau paganaidd, mae pobl wedi dod ynghyd i fynegi eu diolch am gyfoeth a haelioni. Diolch am bwerau cudd anweledig grym natur.

Wrth ddilyn yn yr un traddodiad fe ddangosir parch. Cawn gyfle i sylweddoli beth yw'r breintiau y'n ni wedi eu derbyn. Yn ogystal cawn gyfle i gydnabod gymaint y'n ni'n dibynnu ar bwerau a nerth sydd y tu hwnt i'n gallu ni'n hunain a chydnabod y grym sydd y tu hwnt i'n cyraeddiadau. Daliwn afael yn y pwerau goruwchnaturiol a'r ffordd y gallwn eu ffrwyno a'u defnyddio er lles trigolion ein daear. Y'n ni yn gwybod – heb fara yn lluniaeth, bydd hi ar ben arnom – dyna sydd yn rhoi maeth i'n cadw yn fyw.

Ond faint mor ymwybodol y'n ni nad ar fara yn unig y byddwn fyw?

16 Medi 2011

Paentio

Un tro bues i'n paentio drysau mewn ysgol gynradd nepell o Lanbed. Mi roedd y dosbarth babanod wedi cael dau ddrws newydd lliw brown tywyll – oedd ddim yn taro, yn enwedig ar gyfer dosbarth babanod. I wneud y lle yn fwy trawiadol a diddorol dyma eu paentio. Beth well na lliw coch llachar i godi'r galon a chodi awydd i ddod i'r ysgol.

Do, fe wnaed y gwaith ac o glywed tystiolaeth y plant mae'n debyg eu bod nhw wedi eu plesio. Wna i ddim syrthio i'r temtasiwn o gyfeirio at bwysigrwydd dod â rhywfaint o liw i fywyd, er mor ddeniadol yw hynny – na chwaith godi'r hen asgwrn hwnnw am y modd y mae'n rhaid mynd ati i baentio ambell i slogan i gael tegwch neu gyfiawnder. Na, 'dwy am fynd i gyfeiriad gwahanol.

Ar y cyfan, 'dwy ddim yn hoff o baentio pethau, yn enwedig pren. Llawer gwell ei adael a'i drin i amlygu'r nodweddion naturiol sy'n perthyn iddo. Ers blynyddoedd dyna rwyf wedi bod yn ei wneud yn y tŷ 'co. Codi'r paent drwy grafu'r pren, a'i drin i'w gadw a'i ddiogelu.

'Dwy ddim yn gwybod amdanoch chi, ond rwyf fi wedi cael llond bol o'r duedd sydd bellach i roi haenen o baent sydd yn ceisio gwneud pawb yr un peth. Caboli i greu sglein unffurfiaeth. Delweddau Corfforaethol sy'n bwysig, i wneud i bopeth edrych yn gwmws yr un peth, boed yn nwyddau sydd ar werth yn yr archfarchnadoedd neu'r parciau masnach lle mae'r siopau unffurf diddiwedd. Yn waeth hefyd mae yna syniadau sydd yn cael eu gwthio arnom mewn addysg a masnach, yn gymdeithasol a gwleidyddol, i geisio gwneud inni i gyd gredu yn yr un pethau.

Mae cymaint heddiw wedi disgyn i bob math o drafferthion a thrwbwl. Rwy'n llawn edmygedd at y rheiny sydd yn berchen digon o amynedd a gwybodaeth i grafu ymaith yn drylwyr bob haen i ddod o hyd i'w gwir bersonoliaeth fel y gallant ailadeiladu eu bywydau a fu wedi'u gorchuddio dan helbulon a gofidiau blinedig.

Ond mae'r math yma o waith gwerthfawr yn rhywbeth y gall pawb ohonom ei wneud ym mha gylch bynnag y'n ni'n troi. Gwneud ein gorau i amlygu y rhinweddau naturiol yn hytrach na cheisio cuddio pawb gyda *gloss* unffurfiaeth. Beth am geisio gwneud rhywfaint o hynny heddiw a gweld beth fydd y canlyniadau?

21 Medi 2004

Du a gwyn

Rhyfedd fel mae gair yn golygu cymaint. Gair o gydymdeimlad yn rhoi nerth; gair o gysur yn gwneud gwahaniaeth. Wedyn mae gair o gerydd yn medru brifo, a gall gair o gyngor fynd ymhell. Bu llawer o drin a thrafod yn rhengoedd Plaid Cymru am y gair Annibyniaeth. Ac mae geiriau a'u hystyr wedi achosi trafferthion i Bleidiau eraill – Sosialaeth i'r Blaid Lafur, Rhyddfrydiaeth i'r Democratiaid Rhyddfrydol a Rhyddid, neu'r Farchnad Rydd, i'r Ceidwadwyr.

Wrth gwrs, nid dim ond gwleidyddion sydd wedi clymu eu hunain mewn cwlwme anodd a lletchwith oherwydd gair. Onid yw'r gair 'Cristion' wedi achosi llawer o drafferthion amrywiol? I lawer, mae gair yn gyfrwng neu yn declyn i fedru gweld pethau naill ai yn ddu neu'n wyn. Nawr, gall hynny fod yn llesol a buddiol cyhyd â'n bod ni yn gwybod pa ochr o'r glorian y'n ni ynddi.

Mor aml fe ddown i sylweddoli fod llawer o bethau nad y'n nhw yn ddu nac yn wyn. Oes, mae yna lawer o lwyd mewn bywyd. Nawr, yn anffodus i'r rhai ohonom sydd â'r cyfenw Llwyd, mae'r gair yn cael ei gysylltu â diflastod ac undonedd. Yn lle llwyd, onid mwy priodol yw dweud taw lliwgar yw rhywbeth nad yw yn ddu nac yn wyn? Achos mae llawer o liw mewn bywyd hefyd. Pa lwybr bynnag y'n ni yn ei ddewis, mae'n medru bod yn daith anodd ac unig. Falle y byddwn yn rhannu'r daith 'dag eraill. Bryd hynny mae pethau yn gymharol glir – yn ddu neu'n wyn. Gallwn benderfynu'r cyfeiriad y'n ni yn rhodio, a ni yn unig fydd yn gwybod pa bryd y byddwn wedi cyrraedd. Ond i lawer, man gorffwys yw pen y daith. Safle aros, dros dro yn unig, cyn parhau â'r siwrnai. Lle i gasglu ynghyd i aller crynhoi meddyliau, a magu cryfder i fedru camu ymlaen drachefn.

Mae yna rai sydd yn cael hynny mewn cynhadledd wleidyddol wrth glywed gwahanol ddadleuon yn tasgu o gwmpas i chwilio am ystyr gair; eraill efallai wedi cael hynny mewn oedfaon amrywiol gyda phwyslais gwahanol ar y gair Cristion. Chwilio am orffwysfa a chwmni i barhau 'da'r daith.

Falle y gall sicrwydd y du a'r gwyn fod yn gysur i wneud bywyd yn gymharol syml. Ond rhowch i mi gyfleoedd y cymhlethdodau a ddaw mewn sialens ddyddiol wrth feddwl mewn lliwiau. Onid oes yn hynny elfen gyffrous ac onid yw yn gyfrwng i greu rhyfeddod a syndod?

22 Medi 2003

Gwrando

Mae pawb ohonom yn euog o siarad mwy nag y'n ni yn gwrando; rhai ohonom yn amlach nag eraill. Yn aml pan ddywed rhywun 'gwrandewch', cyn dechrau lawrlwytho eu problemau, fe fyddwn yn amlach na dim yn syrthio i'r trap o dorri ar eu traws gyda ribidi-res o eiriau llawn cynghorion wrth adrodd storïau o'n profiadau ein hunain ... ie, unrhyw beth ond gwrando.

Hoffais y stori a glywais am ferch fach a aeth i siopa dros ei mam. Wrth fod honno yn coginio gwelodd nad oedd ganddi halen i baratoi'r bwyd. Rhoddodd gyfarwyddyd manwl i'w merch, pa ochr o'r ffordd i gerdded, ble roedd yr halen yn cael ei gadw ar y silffoedd, faint oedd y pris a sut i dalu. Bant â'r ferch yn llawen gyda'r arian yn ei llaw.

Amcanodd y fam taw taith o bum munud oedd hi i'r siop ac felly y dylai fod adref mewn chwarter awr. Pum munud i gyrraedd, pum munud i brynu a phum munud i ddod adref.

Edrychodd ar y cloc a gwelodd bod deng munud wedi mynd. Dychmygodd bod y ferch yn sefyll ger y cownter yn barod i dalu ac y byddai adref ymhen pum munud arall.

Aeth chwarter awr heibio, ac eto yn ei meddwl roedd y fam yn gweld y ferch yn cerdded i gyfeiriad y tŷ gyda'r pecyn halen yn saff o dan ei chesail. Gallai hithau wedyn gario ymlaen â'i gorchwyl o goginio.

Ond nid felly y bu – aeth hanner awr heibio a doedd dim sôn am y ferch. Yn naturiol ddechreuodd y fam boeni, gan bendroni a ddylai ffonio'r heddlu neu beidio. Roedd wrthi yn gwisgo ei chot i fynd allan i chwilio amdani pan glywodd sŵn ei thraed yn agosáu at y drws. 'Lle yn y byd wyt ti wedi bod?' gofynnodd.

'O, mi welais fy ffrind ysgol, ac mi roedd yn llefain am fod ei beic wedi torri,' atebodd.

'Ond alli di ddim helpu'r beic,' meddai'r fam.

'Na,' meddai'r ferch, 'ond wrth wrando arni roeddwn yn medru ei helpu hi i beidio llefain.'

Gallwn i gyd helpu drwy wrando. Mae gyda ni ddwy glust a dim ond un geg. Felly fe ddylem wrando dwywaith mwy nag y'n ni yn siarad. Diolch i chithau am wrando'r bore 'ma.

22 Medi 2005

Parti 100 oed

Dros y penwythnos fe fues i mewn parti. A 'na chi barti.
Mae penblwydd 100 oed wastad yn teilyngu parti go fawr
– ac fe gafwyd whampyn o barti. Fe barhaodd dros y
penwythnos gan ddechrau amser cinio prynhawn dydd
Gwener a gorffen nos Sul tua 9.30. O do, fe wnes i
fwynhau heb 'hangover' bore 'ma! Sdim angen i heddlu
Llanbed fod ar eu gwyliadwriaeth rhag ofn 'mod i wedi
gor-yfed.

Parti oedd e i ddathlu canmlwyddiant sefydlu Ysgol
Gynradd Llanwnnen gerllaw Llanbed. Diolch byth, doedd
dim angen llythyr oddi wrth y Frenhines – daeth lot fawr
o bobl lawn mor bwysig ynghyd o bob oedran – yn ifanc
ac yn hen. Torrwyd y gacen yn ddeheuig iawn ac yn llawn
afiaith gan y cyn-ddisgybl hynaf sydd yn naw deg un
mlwydd oed, Tommy Jones o Felinfach, a Lucy Cooper,
disgybl ifancaf presennol yr ysgol, sy'n bedair oed.

Pleser oedd gweld pobl o wahanol oedran,
galwedigaeth a chefndir yn cymysgu ac yn sgwrsio'n braf
â'i gilydd, rhai wedi dod o bell, gan gynnwys rhai o'r
evacuees a fu yno adeg y rhyfel. Pawb â'i atgofion a phawb,
yn naturiol, yn ymfalchïo yn rhagoriaeth eu cyfnod yn yr
ysgol. Y'n ni yn dueddol o fod fel'na. Credwn taw ein byd
ni, ein bywyd ni, ein pentref ni yw'r gorau, a does neb arall
gwell, neu'n waeth byth does neb cystel. Byddwn yn
meddwl felly am ein capeli, ein ffydd grefyddol, ein

cyfnod, ein teulu bach ni. Mae'r rhestr yn galler bod yn faith. Felly mae hi, hyd nes cawn ein hatgoffa fod yna rinweddau eraill ar gael, nid gwell na gwaeth ond llawn cystel. Dyna gafwyd dros y penwythnos wrth i genedlaethau gwahanol ddod ynghyd.

Mae gen i gap yn y car. Bydda i'n ei wisgo ar y ffordd adref, nid yn gymaint i gadw 'mhen moel yn gynnes, ond fe fydda i ymhen rhyw bum munud yn mynd drwy Lanwnnen eto. Mi goda i'r cap o barch ac edmygedd i'r ysgol a'i 26 o ddisgyblion, a'r staff wrth gwrs, gan obeithio y bydd hon, a llawer i sefydliad tebyg yn ein hardaloedd, megis ein neuaddau, ein capeli a'n heglwysi, yn dal i gael yr anrhydedd o fedru tynnu pobol ynghyd o wahanol gefndiroedd i gymysgu a rhannu profiadau gwahanol. Trwy hynny, dysgu wrth ein gilydd, a llawn bwysiced, dysgu byw 'da'n gilydd.

Darnau bychain y'n ni gyd sy'n gwneud jig-so llawer mwy o faint. Ac mae gyda ni, on'd oes e, gymaint i ddiolch am lefydd sy'n rhoi fframm o gwmpas y jig-so i'w ddal 'da'i gilydd?

22 Medi 2008

Cerbydau

I lawer, mae yna bwysigrwydd mawr i wneuthuriad gwahanol ceir. Doed a ddelo, mynnu glynu at yr un gwneuthuriad y bydd rhai, tra bydd eraill wedyn byth yn meiddio cyffwrdd ag ambell i wneuthuriad penodol. Wel, pawb at y peth y bo, ddyweda i.

Ferrari, Mercedes-Benz neu Aston Martin – dyna gerbydau sy'n eithriadol o ddrud – cerbydau egsotig sydd ag elfennau hudolus yn yr enwau. Mae meddwl am gael cyfle i'w gyrru yn ddigon i dynnu dŵr o'r dannedd, hyd yn oed ymhlith y rheiny na fyddai'n medru fforddio eu prynu nhw, ac sydd hwyrach yn eiddigeddus o'r rheiny sy'n eu perchen.

Pan o'n i ar 'y ngwyliau yn yr haf gweles Lamborghini wedi parcio ar ochr y ffordd. Dechreuodd rhai weiddi'r *make* ac yn sydyn dyma dorf fechan yn casglu o gwmpas, a syllu mewn rhyfeddod ac edmygedd. Tu fewn roedd y gyrrwr yn edrych yn ddigon bodlon a *smug* wrth i'r edmygwyr syllu'r tu fas. Aeth ambell un yn ddigon haerllug ac estyn llaw i gyffwrdd â'r car.

Meddai rhywun oedd gerllaw, 'Hy! 'run faint mae fe yn talu am betrol ag 'wy i yn talu i'm cerbyd bach i!'

Meddai un arall, 'Pan awn ni o'ma yn nes ymlaen heddiw bydd y ddau ohonom ni yn yr un ciw traffig!'

Oes, mae yna bethau sydd yn gyffredin inni i gyd. Y'n ni'n pwysleisio cymaint ar yr hyn sy'n wahanol rhyngom, ac mae'r gwahaniaethau hynny'n creu tensiynau, rhwygiadau ac efallai peth eiddigedd, ond beth am geisio chwilio a chanolbwyntio ar yr hyn sydd yn gyffredin, a chychwyn y daith o'r fan honno? Ac onid ar yr un ffordd y'n ni i gyd mewn bywyd – jyst ein bod yn teithio mewn cerbydau gwahanol?

23 Medi 2013

Geiriau bach

Ar wefan trydar gofynnwyd y cwestiwn, 'Beth yw'r gair hiraf yn Gymraeg?' Yr ateb a gafwyd oedd **cyfrwngddarostyngedigaeth**. 'Dwn i ddim ai hwn yw'r gair hiraf na chwaith beth yw ei ystyr ond mae gyda fi syniad go dda beth yw'r gair byrraf – wel dau ohonynt. 'Wy hefyd yn gwybod yn berffaith bod eu hystyr yn hollol glir. Yn wir, maen nhw yn anferthol o ran ystyr a gwerth.

Allwch chi ddim cael dau air llai o ran maint na'r ddau yma ond 'nid yw maint yn cyfrif'. Dwy lythyren yr un sydd iddynt – Ie a Na. Does dim byd diduedd a dy'n nhw ddim chwaith yn eiriau i gadw'r ddysgl yn wastad.

Mae yna wahaniaethau dybryd rhyngddynt a gwyddom bod cymaint yn y fantol o ddibynnu pa un sydd yn cael ei ddefnyddio a gan bwy. Maen nhw'n eiriau pwerus – gallant ddolurio a brifo a gallant hefyd ysbrydoli ac atgyfnerthu gan weddnewid bywydau. Tra bydd pobl yn siarad ein hiaith byddan nhw yn dal i wneud hynny.

Y'n ni'n gyfarwydd â chael syniadau cymylog ac aneglur yn hofran yn y meddwl, ac wrth fethu â'u gosod 'da'i gilydd i fynegi'n dymuniadau bydd hynny'n achosi dryswch. Mae **Ie** a **Na** yn glir a diamwys. Yn syth bron, gwelir eu heffaith a'u harwyddocâd gyda chymaint yn dibynnu ar y defnydd a wneir ohonynt.

Gall, gall y geiriau bach lleiaf fod mor bwerus. Mae nhw'n ddu a gwyn – 'sdim byd llwyd yn perthyn iddynt – nid bod popeth llwyd yn ddrwg chwaith!

25 Medi 2014

Sut hwyliau?

Tybed sut hwyliau sydd arnoch chi heddiw? Mae hwyliau a thymer yn galler bod yn dwyllodrus iawn. Byddant yn ein twyllo i gredu fod bywyd yn wa'th nag yw e'. Pan y'n ni mewn hwyliau da neu pan mae'r tymer yn dda mae bywyd i'w weld hefyd yn dda. Bryd hynny mae gyda ni bersbectif cywir ar fywyd cyfan, gan fod gyda ni y synnwyr cyffredin a'r doethineb i fedru tafoli pethau. Dyw pethau ddim mor ddiflas, ac mae'r problemau i'w gweld yn llai arswydus ac yn fwy rhwydd i'w datrys. Mae perthynas a chysylltiadau yn esmwythach ac os daw yna feirniadaeth bydd yn hawddach o lawer i gymeryd y cyfan.

I'r gwrthwyneb, pan mae'r hwyliau yn wael mae bywyd i'w weld yn anodd gyda'r persbectif yn fwy cul o lawer. A dyma lle byddwn yn cael ein dal. Byddwn yn methu sylweddoli mai ein tymer sydd yn newid a falle nad yw bywyd mor ddrwg wedi'r cyfan.

Os y'n ni mewn mwd da yn y bore bydd popeth yn edrych yn hyfryd – bywyd teuluol yn ddedwydd; y gwaith yn bleser pur; a'r hen gerbyd yn un o'r rhai gorau a gynhyrchwyd erioed. Erbyn amser te falle bydd y mwd wedi newid, ac o ganlyniad ni fydd yr hwyliau cystel – dyw'r bywyd teuluol ddim mor ddedwydd, y gwaith yn garchar diflas, a'r car erbyn hynny yn hen groc anobeithiol.

Nawr does yr un o'r pethau hynny wedi newid; y cyfan sydd wedi digwydd yw bod hwyliau a thymer yr unigolyn wedi newid. A phan fyddwn yn y fath hwyliau, os byddai rhywun yn ein cwestiynu ymhellach, falle am ein plentyndod, mae'n siŵr taw darlun digon du fyddai gyda ni wrth adrodd yr hanes – plentyndod anodd, gan hwyrach fynd ymhellach drwy feio pawb a phopeth gan gynnwys ein magwraeth. Pan mae'r hwyliau yn wael y'n ni yn colli persbectif ac mae'r darlun yn dywyll a diflas. Byddwn hyd yn oed yn anghofio bod y darlun yn medru edrych yn oleuach pan fyddwn mewn hwyliau gwell.

Nawr, mae yn anodd osgoi'r newidiadau yn ein hwyliau. Mae nhw yn bethau sy'n debygol o ddigwydd. Ond mi fyddai o help mawr os gallwn ddysgu delio gyda nhw ac, yn lle beio bywyd cyfan, beio'r mwd y'n ni ynddo. Onid y gyfrinach yw bod yn ddiolchgar yn yr adegau y'n ni mewn hwyliau da a bod yn raslon yn yr adegau y'n ni mewn hwyliau gwael? Ac oni fyddai hynny yn gwneud ambell i fore dydd Llun fel heddiw yn llai beichus ac yn fwy goddefadwy?

29 Medi 2003

Arferion

Ar y cyfan y'n ni yn ofni newid. Y'n ni yn hoffi cadw at drefn ac arferiad am fod ynddo gysur, elfen o esmwythâd a shwt sicrwydd.

Bron â bod y gellir rhagweld a gwybod symudiadau rhai yn ôl eu harferion. Diddorol oedd darllen dro yn ôl ddatganiad un arbenigwr fod 90 y cant o'n bywydau ni yn cael ei reoli gan wahanol arferion. Mae hwnna'n ffigwr uchel, ond wedyn mae'n golygu ein bod ni'n medru gwneud pethau bob dydd heb orfod meddylu sut, beth, pam na phryd. Pe baen ni yn gorfod defnyddio'r meddwl i ystyried bob amser cyn gwneud y pethau arferol bob dydd, yna ymhell cyn amser cinio mi fyddem wedi blino'n feddyliol. Mae arfer felly yn help i ni osgoi'r blinder meddyliol.

Mae unrhyw beth sydd yn newid hynny yn creu ansicrwydd ac ofn. Wrth gwrs mae iddo ei rinwedd. Mae olwynion bywyd yn troi mor esmwyth oherwydd grym arferiad gan fod digwyddiadau ac achlysuron yn cael eu cynnal yn ein cymdeithasau heb fawr o ffws na ffwdan a hynny am taw felly mae pethau wedi bod ers blynyddoedd. Sdim angen yr un trefnydd i lywio. Pawb yn gwybod ei le wrth weithredu yn ôl yr arfer.

Yr ochr arall i'r geiniog honno wedyn yw bod arfer yn dod yn ddefod ynddi ei hunan, ac yn rhwystr rhag mentro a thorri cwysi newydd a gwneud rhywbeth gwahanol. Mae hynny'n creu rhwystredigaeth a'r llesteirio yn gwneud i rywun deimlo'n lluddedig a gwan ac annigonol, ac falle'n gwneud i rywun anobeithio. Lle fydden ni heb y rheiny sydd wedi herio grym arfer gan fynd ati i newid pethau?

29 Medi 2008

Cerdded

Yn y misoedd diwethaf 'dwy wedi bod yn cerdded cryn dipyn gan neilltuo diwrnod yr wythnos at hynny. O ganlyniad 'dwy wedi llwyddo cerdded llwybr arfordir Ceredigion ac erbyn hyn wedi gwneud tua 20 milltir o lwybr Sir Benfro. Dyma ffordd iach o deithio. Heb fynd i fanylder, mae'n helpu gyda gwahanol afiechydon a chyflyrau amrywiol. Gall droi'n gyfle i anturio wrth chwilio'r mannau dirgel a gwahanol. Daw ag agwedd ffres i fywyd a'n gadael yn agored i'r newydd a'r annisgwyl. Ceir egni i'r daith a grym i'r siwrnai.

Disgrifir y llyfr taith *Wild Wales* a gyhoeddwyd yn 1862 fel llyfr cadarn, dramatig a siriol. Mae George Borrow yn awdur dymunol, ecsentrig falle, a llawen, a'i chwerthin i'w glywed ym mrawddegau'r llyfr. Cawn hanes ei brofiadau personol a'i fewnwelediad wrth gered Cymru.

Y'n ni'n gyfarwydd â hanes y ferch ifanc a gerddodd am filltiroedd yn droednoeth dros fynydd i brynu Beibl Cymraeg. Bydd pobl yn dal i gerdded taith Mari Jones fel pererindod. Ar gyrion y Bala, mae modd galw yn Eglwys Beuno Sant i ddathlu ei bywyd. Mae'n stori ryfeddol. Wedi taith o tua 25 milltir, doedd dim copi ar ôl, ac wedi clywed yr hanes dyma Thomas Charles yn rhoi ei gopi personol iddi. Roedd hynny yn ysbrydoliaeth iddo sefydlu Cymdeithas y Beibl yn 1804. 'Beibl i Bawb o Bobl y Byd' oedd y nod, a hynny o ganlyniad i daith gerdded merch 15 oed.

Wrth gerdded daw cyfle i ymarfer, a cheir llonyddwch a thawelwch, ac awyr iach. Dyma ran o hudoliaeth cerdded – daw â ni i gyswllt agosach â natur, a chawn gyfle i gyffwrdd â'i rinweddau, ei ragoriaeth a'i olud.

5 Hydref 2016

Adnabod wrth rif

Bore ddoe fe alwes yn y Feddygfa leol yn Llandysul. Y drefn yw, wedi cofrestru wrth y ddesg i weld y meddyg o'ch dewis, byddwch yn cael rhif penodol. Wrth ishte fan hynny, y'ch chi a'r gweddill sydd yno yn disgwyl eich tro. Felly mae'r rhif y'ch chi newydd ei gael yn holl bwysig. Mawr yw'r aros hyd nes ceith y person sydd â'r rhif yn union o'ch blaen chi ei alw. Dyma'r arwydd mai chi sydd nesaf i weld y meddyg.

Cynyddu'n sylweddol y mae'r arfer o gael eich adnabod wrth rif. Y canlyniad yw ein bod yn gorfod cofio rhesi o rifau gwahanol yn y meddwl, yn gyfuniad amrywiol ar gyfer achlysuron gwahanol. Gwae ni os gwnawn eu hanghofio, neu gymysgu eu trefn, gan fod cynifer o gyrff a sefydliadau bellach yn ein hadnabod, nid yn ôl yr enw, ond yn ôl pa rif rydym wedi ei gael: y cerdyn banc i'r twll yn y wal; rhif yr Yswiriant Gwladol; cod i agor drws y swyddfa; un arall i glo cyfun-rif y larwm; rhai gwahanol i agor ces, cysylltu radio'r car; a'r Cod Post angenrheidiol; yn ogystal â'r degau o rifau ffôn gwahanol.

Pan o'n i yng ngharchar rai blynyddoedd yn ôl, gwae fi os nag o'n i yn medru cofio'r rhif a osodwyd arnaf yn ystafell y Ganolfan Dderbyn. Os byddwn yn methu ei ailadrodd ar gais y swyddog, byddai bloeddiadau a rhesi o regfeydd rhyfeddol yn cael eu taflu tuag ataf.

Mae cael ein hadnabod yn ôl rhifau yn medru sicrhau

effeithiolrwydd, ond mae hefyd yn medru bod mor amhersonol ac oeraidd. Y tu ôl iddynt mae'r awgrym bod beth ydwyf yn bwysicach na phwy ydwyf.

Ar yr un trywydd, mae tuedd i angen yr unigolyn fynd ar goll yn llwyr wrth lunio ystadegau cyfleus. Gall yr unigolyn gael ei guddio wrth i ni drafod rhifau yn unig.

Y'n ni am berthyn i unrhyw beth, boed i fudiad, gymdeithas, neu gapel neu eglwys, am ein bod ishe cael ein trin fel unigolyn, ac am gael ein hystyried yn bobl sydd o werth a bod gennym gyfraniad i'w wneud, wa'th beth yw ein statws a'n safle, neu i ba ddosbarth y'n ni wedi cael ein gosod gan eraill yn aml.

Wrth gerdded o'r Ystafell Aros i fewn at y meddyg i drafod ym mhreifatrwydd yr Ystafell Ymgynghori, bydd y cerdyn a'r rhif arno yn cael ei adael tu fas i'r drws. Tu ôl i'r drws caeedig daw angen yr unigolyn sy'n dost i'r amlwg wrth drafod a'i archwilio – onid fel'na ddylai pethau fod mewn cymdeithas?

6 Hydref 1998

Aberfan

Ar yr unfed ar hugain o fis Hydref hanner can mlynedd yn ôl digwyddodd trychineb Aberfan pan gafodd 116 o blant a 28 o oedolion eu lladd wrth i'r domen lo lithro ar ben ysgol gynradd Pantglas.

Neithiwr mewn rhaglen bwerus ar y teledu gwnaeth Huw Edwards ddatgelu ffeithiau ysgytwol a dadlennol. Cododd gwestiynau perthnasol am gyfrifoldeb, a'r cam dybryd a wnaed â'r gymuned lofaol drwy weithgarwch ysgeler rhai pobl mewn awdurdod.

Nos Sul, cawsom ein cyffwrdd gan gampwaith y Cantata Memoria, gwaith a gyfansoddwyd gan Karl Jenkins a Mererid Hopwood i nodi'r drychineb. Er taw ar lwyfan oedd e', mae'r gair 'perfformiad' falle yn annigonol ac yn anaddas i'w ddisgrifio. Roedd yn fwy na pherfformiad, gan fynd â ni yn ddwfn i dir y profiad a'r teimlad.

Pan mae cyfansoddwyr yn creu cerddoriaeth, 'dyn nhw ddim yn gwneud hynny jyst er mwyn medru cyrraedd rhyw bwynt penodol, megis diwedd y darn. Os mai dyna bwrpas cerddoriaeth, yna y chwaraewr cyflyma fyddai'r un sydd yn rhagori. Ond mae'r darn cyfan o'i ddechrau i'w ddiwedd yn allweddol i gyfrannu at y gwerth a'r mwynhad.

Felly y mae hi gyda dawns – nid yr unig bwrpas yw cyrraedd pwynt penodol ar y llawr megis y symudiad olaf i ddiweddu'r ddawns. Mae'r daith gyfan yn allweddol i'r mwynhad, boed i'r rheiny sy'n cymeryd rhan neu i'r rhai sy'n gwylio.

Onid felly y mae hi gyda'n taith ninnau ar y ddaear? I mi, nid y man y cyrhaeddwn sydd yn cyfrif ond y broses o fynd yno. Wrth ddilyn y daith a fydd yn ein harwain at yr union bwynt, onid yw blas y siwrnai a sawr yr awyrgylch yn cyfoethogi ac yn rhoi gwerth i fywyd?

12 Hydref 2016

Gwendid wrth edrych tuag yn ôl a sefyllian yno

Mae'r stiwdio yma yn Llanbed wedi ei lleoli mewn adeilad ar Gampws y Brifysgol. Ar y Campws yma hefyd mae Neuadd y Celfyddydau, lle roedd digwyddiad eitha cyffrous nos Sadwrn diwethaf – gig i ddathlu pen-blwydd y cylchgrawn Golwg yn 10 oed. Y prif artistiaid oedd grŵp cynhyrfus o'r 80au yn ailffurfio ar gyfer yr achlysur – Maffia Mr Huws. Rhoddwyd cyfle nos Sadwrn i genhedlaeth newydd, oedd yn rhy ifanc ar y pryd, fedru profi'r wefr o'u gweld yn perfformio yn fyw ar lwyfan. Mi roedd yn gyfle hefyd, llawn mor gynhyrfus, i eraill ychydig yn hŷn ailbrofi'r wefr ac ail-fyw cyffro'r 80au.

Mae'n galler bod yn dipyn o hwyl edrych sha nôl, ac ail-fyw rhialtwch a gogoniant ddoe. O bryd i'w gilydd, mae'n werth gwneud hynny, ond allwn ni byth fyw ynddo yn barhaol. Daliwch yn sownd, meddech chi, onid yw yn wir taw aeddfedu wna hen win. Ond wedi ei flasu a'i yfed, mae'r botel yn wag – 'sdim ar ôl.

Rai wythnosau yn ôl bues i mewn aduniad dosbarth ysgol: criw ohonom a gychwynnodd yr un pryd yn Ysgol Ramadeg Llandysul 35 mlynedd yn ôl yn ymgynnull, a'r cyfarfod yn gyfle i hel atgofion wrth ail-fyw'r cyfeillgarwch a dyfodd rhyngom wrth dreulio 6-7 mlynedd gyda'n gilydd. Y diwrnod canlynol roedd rhaid ailafael yng ngweithgarwch heddiw, am fod bywyd yn mynd sha ymlaen. 'Sdim pwynt hel meddyliau'n ormodol.

Rydym yng nghanol tymor Gwyliau Diolchgarwch. Dyma'r tymor pryd y cawn ein hatgoffa bod yr hadau a heuwyd ddoe yn tyfu'n ffrwyth heddiw a bod y cynnyrch yn cael ei ddefnyddio yfory. Does dim pwynt sefyllian yn ormodol ar y weithred o hau. Yn hytrach, proses yw'r hau i gyrraedd at nod penodol. Mae'r ffrwyth a chynnyrch ein ysguboriau llawn yn ganlyniad yr hyn a wnaed ddoe.

Cychwyn cyfnod newydd yn y sîn roc a wnaeth Maffia Mr Huws. O'u brwdfrydedd a'u gweithgarwch yn nechrau'r 8oau, daeth llwyth o fandiau eraill i fodolaeth yng nghylch Bethesda. Yno hefyd gosodwyd sylfeini ar gyfer grwpiau poblogaidd ein cyfnod fel y Super Furries a Catatonia.

Tra'n croesawu'r cyfle i edrych yn ôl, ac i ailbrofi, mae fel deifio o dan ddŵr. Rhaid dod yn ôl lan i'r wyneb drachefn. Allwn ni ddim sefyllian yno am byth. Rhaid symud ymlaen. Gwaetha'r modd, mewn cynifer o feysydd, fel ym maes crefydd yn fwy arbennig efallai, mae hynny yn her rhy anodd i gydio ynddo.

13 Hydref 1998

Wythnos Un Byd

Wrth deithio i Lanbed caf gyfle i weld tirwedd digon amrywiol. Mae pentref Talgarreg yng nghesail Banc Siôn Cwilt a'i dirwedd agored a noeth. Dyffryn cymharol gul wedyn yw Cwm Cletwr. Wrth ddringo'r llethr o'r gwastadeddau, daw cyfle ar y gorwel i gael golygfa glir o res arw Mynydd Llanybydder. Anelu wedyn at dref Llanbed a thir ffrwythlon Dyffryn Teifi. Taith tua 12 milltir, gyda'r tirwedd yn newid cryn dipyn ar hyd y ffordd.

Mae hi yn wythnos rhywbeth neu'i gilydd yn gyson. Yr wythnos yma mae'n Wythnos Un Byd. Drwy'r wythnos bydd llawer o ddathliadau a gweithgarwch yn digwydd wrth i grwpiau, bychan ran amlaf, o gymunedau lleol gyflawni pethau i geisio dylanwadu'n fyd-eang.

Thema'r wythnos eleni yw Llunio Ein Tirwedd. Mae ymdrech arbennig yn cael ei gwneud i geisio sicrhau bod yr 20fed pen-blwydd o leiaf yn mynd i fod yn effeithiol os nad yn ysgytwol. Cynhelir 7,000 o ddigwyddiadau i nodi'r amrywiaethau sydd yn y byd, gan gydnabod yr undod ar yr un pryd, wrth danlinellu ein cyfrifoldebau ar y cyd at ein daear. Beth y gellir ei wneud, gwedwch, i Lunio'r Tirwedd?

Tirwedd yw'r darn tir y mae'n bosibl i ni ei weld gyda'n llygaid. Mae'n gyfyngedig i'r hyn y'n ni'n llwyddo i'w weld ac mae'n newid wrth deithio o le i le. Gallwn ei newid er gwell neu er gwaeth yn enw gwelliant neu ddatblygiad. Ar ochr Mynydd Llanybydder fe newidiwyd y tirwedd wrth i'r Comisiwn Coedwigaeth blannu coed – rhywbeth a feirniadwyd yn hallt gan Gwenallt yn ei gerdd i Rydcymerau. Gwyddom yn iawn beth yw'r pris sy'n rhaid ei dalu pan gaiff tirwedd ei newid wrth gloddio am lo neu pan gaiff tiroedd eu boddi a'u rheibio.

Ar y cyfan, mae gwahanol math o dirwedd yn apelio wrth deithio o le i le. Rhagoriaeth Wythnos Un Byd yw nad oes angen teithio, achos yr amcan yw i ni ledaenu ein gorwelion a'n golygon wrth Lunio'r Tirwedd a dod yn ymwybodol o dirweddau gwahanol.

Drwy ein ffenestri cyfyng bydd gweithgarwch yr wythnos yn rhoi cyfle pellach i ehangu a lledaenu gorwelion i fod yn gyfrwng i ffurfio tirwedd byd-eang o gyfiawnder, tegwch, parch a heddwch ar wyneb ein daear.

Gwnaiff hynny drawsnewid y ffordd mae'r ddaear yn edrych. Ac oni fydd hynny hefyd yn gwneud taith ein bywydau ninnau yn fwy ystyriol a thrugarog?

20 Hydref 1998

Pwdu

Neithiwr, mewn camgymeriad, fe ddamsengais ar ben troed y gath wrth roi bwyd yn ei bowlen. Ar ôl rhoi sgrech fe sgathrodd bant i rywle. Chwap, dyma hi'n dychwelyd nôl drachefn i'r sied. I bob pwrpas nid oedd hi fawr gwa'th wedi'r fath brofiad, gan ganu grwndi unwaith eto wrth fwyta'i bwyd.

Pan fydd y rhan fwyaf ohonom yn gwneud rhywbeth o'i le, diolch i'r drefn nid yw'r canlyniad yn orddifrifol nac yn effeithio'n ormodol ar eraill. Mae rhai camgymeriadau serch hynny yn medru achosi diflastod wrth fod mor bellgyrhaeddol nes dod â hafog yn eu sgil.

Daw i gof y stori honno am weithiwr oedd wedi cael ei gystwyo gan ei bennaeth am nad oedd wedi cyflawni ei ddyletswyddau yn foddhaol. Drwy'r dydd mi roedd yn flin ei dymer ac yn ddiamynedd. Wedi'r cyfan roedd ganddo hen ddigon o bethau i'w gwneud eisoes heb orfod ail-wneud yr hyn oedd yn anfoddhaol. Wedi cyrraedd adref roedd yn dal i rwgnach. Gwrthododd fwyta'r swper oedd wedi cael ei baratoi iddo gan ei wraig. Yn lle hynny gwnaeth frechdan iddo'i hun. Dyma ragor o dwrw a chweryl! Cafodd ei ddwrdio gan ei wraig – wedi'r cyfan roedd hithau wedi treulio oriau yn paratoi'r bwyd a wrthodwyd.

Yn ei thro dyma hithau'n codi helynt gyda'r mab hynaf oedd o dan draed. Diflannodd hwnnw lan llofft i bwdu. Ar y ffordd dechreuodd gweryla gyda'i chwaer ifanc.

Trodd y cyfan yn ffrae rhwng y ddau blentyn. Dyma'r ferch yn corddi, gan gwympo mas â'i chysgod a rhoi cic i'r set radio a'i thorri.

Tybed beth fyddai wedi digwydd pe byddai'r gweithiwr hwnnw yn y lle cyntaf wedi clatsho mla'n i gywiro'r gwaith oedd yn anfoddhaol gan anghofio popeth am y feirniadaeth? Fel y gath neithiwr a ddychwelodd i'r sied i yfed ei lla'th a chanu grwndi. Anghofiodd bopeth fy mod i rai munudau ynghynt wedi achosi niwed a dolur iddi. Ond 'na fe, mewn rhai pethau mae anifeiliaid yn gallach o lawer na ni'r bobol on'd ydynt?

30 Hydref 1998

Ffair

Mae'r 1af o Dachwedd yn ddyddiad arwyddocaol i drigolion ardal Llanybydder – dyddiad Ffair Santesau. Yn ôl y sôn mi gafodd ei henwi ar ôl enw hen gastell uwchben y pentref o'r enw Santesau – Dolwlff yw e nawr. Mae'n codi yn serth, drigain neu ragor o droedfeddi o'r caeau islaw, a'i hanes yn ymestyn yn ôl i gyfnod y Normaniaid – er ei fod wedi cael ei adeiladu ar y ffurf a ddefnyddiai'r Rhufeiniaid ganrifoedd ynghynt i godi eu hamddiffynfeydd nhw.

Mae ffeiriau megis carnifalau, syrcysys a phantomeimau wedi cael eu difrïo a'u galw'n oferedd ac yn llefydd llawn gwagedd (os yw hynny yn gwneud synnwyr!). Eto, yng nghalendr cymdeithasol ac economaidd yr ardaloedd yma, roedd ffeiriau megis Ffair Fartin, Ffair Gwenog a Ffair Dalis, a llu o rai eraill, yn allweddol o bwysig a gwerthfawr.

Byddai'n ben tymor a byddai'r gweision a'r morynion yn mynychu'r ffeiriau i gael eu cyflogi a'r meistri yn casglu ynghyd i gyflogi. Byddai ffermwyr yn dod â'u cynnyrch a'u hanifeiliaid i'w gwerthu er mwyn cael arian i dalu cyflog y gwas a'r forwyn a chlirio hen gownt.

Roeddent yn bwysig eithriadol yn hynt y flwyddyn amaethyddol. Ar noson Ffair Calan Gaeaf byddai'r gwartheg yn cael eu clymu yn y beudy dros y gaeaf. Rhaid oedd eu bwydo dan do nes dôi'r gwanwyn. Mae pethau wedi newid yn ddirfawr heddiw, ond eto fe gynhelir marchnadoedd anifeiliaid a bydd llawer yn cyfeirio atynt yn ôl enwau'r ffeiriau. Daw'r ffeiriau pleser yn eu tro a hwythau hefyd yn cael eu cysylltu gydag enwau'r hen ffeiriau.

Pan ddaw ffair bydd yna hwrli-bwrli a rhialtwch gyda'r hyrdi-gyrdi a sŵn y trugareddau a'r hwyl yn fwrlwm egnïol. Wedyn daw distawrwydd, a llonyddwch. Mi all hynny fod yn anodd iawn. Pan mae cyffro ac uchafbwynt yn tawelu mae'n galed dod nôl â'n traed ar y ddaear.

Neithiwr, nos Calan Gaeaf, mae'n siŵr fod y gnoc annisgwyl ar y drws ymhell o fod yn jôc ddoniol i'r un oedd yn unig y tu fewn.

Fel arfer ben bore mae hi fel ffair adref. Mae'n siŵr o fod yn waeth heddiw wedi seibiant gwyliau'r wythnos diwethaf. Er cael awr ychwanegol echnos, galla'i ddychmygu mai ras yn erbyn y cloc yw hi i lawer ohonoch chithau y bore 'ma eto. Ochr arall y geiniog yw mudandod o fywyd dibwrpas heb ddim byd penodol i anelu amdano, neu dawelwch unigrwydd sy'n ein llethu.

Onid yw hynny hefyd yn medru bod yr un mor anodd?

1 Tachwedd 2010

Cwdyn fale

Os cewch chi mewn sachaid o fale fod yna un neu ddau o rai pwdr yn eu plith, mae hynny'n ddigon i greu hafoc ac yn medru sarnu llawer o'r gweddill. Pwyntio bys y byddwn ni wedyn at y cwded cyfan a'i ystyried yn ddiwerth. 'Dyna'r meddylie sy'n dŵad i chi,' medd Dewi Emrys gynt wrth iddo ishte uwchben Pwllderi.

Mae llawer o sôn am lanhau delwedd gwleidyddion, a hynny o ganlyniad i'r duedd sydd ymysg rhai i ymddwyn fel pe bai hawl ganddynt i wneud fel y mynnont, gan fynd ati yn ddihidans i gamddefnyddio'u safle, megis derbyn tâl yn wobr am ofyn cwestiynau seneddol.

Ond yno hefyd yn y Tŷ Cyffredin mae nifer dda o rai diwyd a diffuant iawn. Fel gyda'r cwdyn fale, ni ddylid paentio pawb gyda'r un brws *'sleaze'*. A hithau'n adeg tân gwyllt byddwn yn nodi digwyddiad pan fu'n agos i bawb oedd yn y cwdyn gael eu chwythu yn chwilfriw neu yn yfflon rhacs.

Yn 1605 cafodd Guto Ffowc ei ddal wedi iddo ef ynghyd â chriw bach o Gatholigion eraill gynllwynio i ddileu'r Goron Brotestannaidd drwy ladd y Brenin Iago'r Cyntaf a'i olynydd y Tywysog Harri, ynghyd â'r Prif Weinidog ar y pryd, sef Robert Cecil, yn ogystal â holl Weinidogion y Llywodraeth. Yr adeg honno mi roedd y Catholigion yn cael eu herlid gan ddilynwyr y ffydd Brotestannaidd. Bellach mae gwell goddefgarwch rhwng dilynwyr y ddwy ffydd. Trueni fod ambell i afal pwdr yn dal i geisio suro'r goddefgarwch hwnnw.

Mae'n siŵr taw un o'r pethau y dylem ymgyrchu drosto yn ein Seneddau yng Nghymru a'r Alban yw sicrhau nad oes yna afal drwg yn ceisio lledu pydredd.

Oherwydd ein ffaeleddau a'n gwendidau mae angen canllawiau arnom. Safonau fydd yn ein rhwystro a'n ffrwyno rhag mynd ar gyfeiliorn. Diolch amdanynt. Diolch byth hefyd, fel gyda'r cwdyn fale, nad yw pawb chwaith yn bwdr.

3 Tachwedd 1995

Tân gwyllt

Mae'n hawdd dychmygu'r cyffro a brofodd y dyn cyntefig wrth rwbio dwy garreg at ei gilydd a sylweddoli bod hynny yn galler creu fflam o dân. Trodd hynny yn gynnwrf wrth i'r fflam honno asio metel a phuro pethau, ac yn wefr bellach am fod yr un fflam yn gymaint o hwylustod i'w fywyd wrth oleuo a chynhesu'r ogof.

Heno bydd yna fysedd dirifedi wedi eu croesi gan obeithio bydd y fatsien yn cydio a'r ffagl yn troi'n fflamau cryfion i losgi'r goelcerth – a Guto druan. Bore fory fydd fawr ddim yn weddill heblaw llanast y lludw, bocseidiau a phocedi gwag.

Roedd Guy Fawkes yn enedigol o Efrog. Fe'i magwyd yn Brotestant. Trodd at yr Eglwys Gatholig wedi i'w fam ailbriodi. Oherwydd ei wrthwynebiad i'r Deddfau Gwrth-Gatholig, yn 1605 ceisiodd ddinistrio'r Senedd-dy. Alla i ddim teimlo'n gysurus iawn o weld yr holl wario ar rywbeth sydd mor ddi-fudd ac ofer â thân gwyllt. Ond efallai yn fwy penodol, alla i ddim teimlo'n gyffyrddus chwaith o weld delw person yn cael ei losgi ar goelcerth fel cosb am ei drosedd. Tybed pa neges mae hyn yn ei gyfleu?

'Twt lol,' rwy'n clywed rhai ohonoch yn dweud. 'Dim ond hwyl yw'r cyfan – paham dy fod am sarnu'r hwyl blynyddol?' Ond 'sdim fawr o hwyl mewn rhoi ofn ar eraill, nag oes?

'Sdim grat na thân agored yn twymo tŷ ni ac rwyf yn gweld eisiau yr arfer hynny oedd gen i pan oeddwn yn blentyn lle byddem cyn mynd i'r gwely yn taflu rhyw fân bethau i'r tân i'w llosgi i gael gwared ohonynt. Ran amlaf, darnau o bapur oeddynt gyda chyfrinachau mawr fy mywyd wedi eu hysgrifennu arnynt. Y bore canlynol wrth hel y lludw, gwelwn ddarnau bach o'r pethau yr oeddwn wedi eu taflu y noson gynt yn dal yno heb ddifa'n hollol. Gwrido wedyn o feddwl y gallai eraill ddarllen cyfrinachau oedd heb lwyr losgi.

Pethau di-werth, da i ddim, fydd yn cael eu gwaredu heno, pethau sydd wedi eu cadw'n ddiogel ers wythnosau ar gyfer yr achlysur, a bydd aml i daniwr yn rhoi ochenaid o ryddhad wrth weld y gwreichionyn yn cydio ac yn troi'n fflamau i'w gwaredu.

Felly y mae hi gyda chymaint o bethau y'n ni wedi'u cario gyda ni. O dro i dro mae'n werth rhoi matsien ynddynt. Dro arall byddwn yn ceisio'n gorau i'w llosgi, a bydd y fatsien yn gwrthod tanio neu fe fydd darnau bach yn dal i sefyll yn atgof. Y gyfrinach yw, rhaid dewis beth y'n ni am ei losgi fel y gallwn fyw yn iawn hebddynt yfory.

5 Tachwedd 2002

Cyd-dynnu

Tua'r amser yma fore dydd Iau diwethaf cafwyd sioe ryfeddol yn y pentref. Dyma stopio yn yr unfan i'w gweld.

O'n i newydd gamu tu fas i'r drws, i wagio'r bin sbwriel, ac fe dywyllodd yr awyr i gyd. Wrth edrych i fyny dyma weld yn llythrennol filoedd ar filoedd o adar yn hedfan uwchben. O ble daethon nhw, does gen i ddim syniad, a does gen i ddim syniad chwaith i ble roedden nhw'n mynd. Ac wrth i'r cyfan fel petai ddod i ben dyma haid arall eto yn dilyn. Digwyddodd hynny ryw dair neu bedair o weithiau. O! mawredd, mi roedd hi'n dipyn o sioe.

Nid hedfan mewn llinell syth oedd y drudwyod, ond mynd yn blith draphlith, a phob tair i bedair eiliad yn newid eu symudiadau a'u huchder, lan a lawr, a throi i wahanol gyfeiriad. Ar amrantiad roeddent yn cyfateb i'w gilydd, fel petaen nhw'n dilyn cyfarwyddiadau manwl. Welais i neb yn eu harwain. Anodd dychmygu a fu proses hyfforddiant. Roedden nhw fel petaent wedi eu rhaglennu yn debyg i'r awyrennau dibeilot dieflig sydd yn cael eu profi yn Aberporth i gario bomiau i'w gollwng filoedd o filltiroedd bant.

Yr hyn a'm tarodd oedd na ddigwyddodd yr un ddamwain. Wrth newid cyfeiriad welais i'r un yn bwrw mewn i'w gilydd a disgyn yn glatsh i'r llawr. Yn rhyfeddol roedd pob un fel petaen nhw yn gwybod lle ro'n nhw am fynd, a phryd yn union i fynd, gan gredu ynddyn nhw eu hunain. Os yw tîm rygbi Cymru am ennill gemau rhaid cael cyd-dynnu a chyd-ddeall, ffydd a hyder a hunan-gred.

Neithiwr bûm mewn cyfarfod i roi trefn ar yr Ysgol Sul, a'r un oedd y neges – yr angen i gyd-dynnu a chydweithio, yn oedolion a phlant. Pan wneir hynny, gyda'r awydd yn glir, ac wrth i bawb anelu i un cyfeiriad, onid dyna pryd y cyrhaeddwn rywle? Yn llawn cyn bwysiced, onid dyna pryd y bydd y daith yn llawn hwyl a phleser?

Ac oni fydd pawb yn falch o weld yr olygfa – fel yr adar yn hedfan 'da'i gilydd uwch ben?

8 Tachwedd 2010

Dychymyg

Wrth fyw yn Nhŷ'r Ysgol, Talgarreg, caf gyfle i glywed y plant yn chwarae, a chredwch chi fi, maen nhw yn galler chwarae ac mae gyda nhw ddychymyg rhyfeddol!

Gallwn ni i gyd ddychmygu, ond mae rhai sydd â'u dychymyg yn fwy bywiog nag eraill. Mae radio'n rhoi tipyn o sgôp i'r dychymyg.

Dywedodd Albert Einstein, y gwyddonydd galluog a gwybodus, fod dychymyg yn well hyd yn oed na gwybodaeth. Rhywbeth cyfyngedig, meddai, yw gwybodaeth; mae'n llwyr ddibynnol ar yr hyn y'n ni wedi ei ddysgu – a'r hyn a ddeallwn. Mae dychymyg yn ehangach; 'sdim ffiniau i'w atal na chyfyngiadau i'w rwystro.

Heb ddychymyg, ni fyddai cyfansoddwyr gwahanol wedi llwyddo i greu cerddoriaeth, llenyddiaeth, dramâu na cherddi. Ni fyddai gyda ni y llu ffilmiau na phaentiadau.

Hebddo ni fyddai unrhyw arloesi na datblygiadau newydd yn digwydd. Mae'n rhoi hawl i weld yr ochr draw i'r clawdd wrth gerdded ar yr hen lwybrau dyddiol – yn fynegiad i'n creadigrwydd. Onid yw'n rhoi caniatâd i archwilio y tu hwnt i wybodaeth?

Onid ohono y llifa holl elfennau creadigol bywyd?

Ond yn anffodus hefyd, o'r union fan honno y llifa llawer o drafferthion bywyd. Gall ein dychymyg daflu pob math o ofnau i ddylanwadu arnom, a thrwy hanes mae hyn wedi cael ei ecsbloetio gan wleidyddion, ei fwydo gan grefyddwyr, ei sbarduno gan newyddiadurwyr a'i ysgogi a'i annog yn ei dro gennym ninnau.

Onid ffrwyth y dychymyg a'n harweiniodd i ryfela yn erbyn Irac ac at golledion enbyd? Llwyddodd rhywrai, yn eu dychymyg, i weld pentwr o arfau dinistriol – sydd eto i'w darganfod! Does dim enillwyr mewn rhyfel. Mae yna ddioddefwyr a cholledion ar bob ochr.

9 Tachwedd 2015

Prawf llygaid

Fore dydd Llun diwethaf ro'wn i gyda'r optegydd i gael prawf llygaid. Penderfynwyd bod angen newid lens fy sbectol i fedru gweld yn well. Mae'n bosib y bydd y pâr newydd yn barod rywbryd heddiw – o ganlyniad fe ddylai hyn fod yn help i mi weld pethau yn gliriach.

Wrth edrych ar y byd heddiw mae'n anodd gorfoleddu na sylwi ar brydferthwch. Mae'n anodd llawenhau o weld nad yw pethau'n disgleirio nac yn llewyrchu – y duedd yw gweld y poen, y trallod a'r trueni. Mae syrffed a diflastod yn rhemp. Felly bodoli y mae pethau ym mhylni'r tywyllwch yn lle yn nisgleirdeb goleuni.

Mae'r hyn a welwn yn ddibynnol ar ba sbectol y'n ni'n edrych drwyddo, neu falle yn fwy cywir:

- ar gyflwr y llygaid;
- pa mor agored mae'r galon;
- parodrwydd y meddwl a'r dychymyg i weithio.

Rhaid dysgu gweld gwerth yn yr hyn y'n ni'n cyrchu tuag ato. Falle y gall yr optegydd ddarparu sbectol i ni fedru gweld yn well. Ond i fedru gweld go iawn mae angen rhywbeth ychwanegol – onid oes angen ffydd?

Y ffydd i aller gweld sut i ganfod prydferthwch ynghanol y sothach ac i ddarganfod gobaith yn y caddug a'r tristwch. Ie, i weld y dewrder hyd yn oed ar adegau pan mae ein calonnau'n petruso. Mae ffydd yn dysgu i ni weld yr hyn sydd yno, hyd yn oed os yw dros dro neu'n ddiflanedig.

O weld prydferthwch fe wna hynny ni wedyn yn brydferth; o weld gobaith fe wna hynny ni'n fwy gobeithiol.

Mae ffydd yn ddibynnol ar y ffordd y'n ni'n gweld ein hunain. Ac onid adlewyrchiad yw'r ddaear ohonon ni ein hunain?

Felly beth y'ch chi yn ei weld y bore 'ma?

9 Tachwedd 2017

Sul y Cofio

Shwt mae eich bysedd chi? Os cewch chi ddolur ar un o'ch bysedd mae yna siawns go lew y bydd e'n hala cryn dipyn o amser i wella am fod yr anaf yn weddol siŵr o fwrw yn erbyn rhywbeth o hyd – nid yw'r dolur yn cael cyfle iawn i wella.

Dros y Sul bydd amryw yn cymeryd rhan yn nefod flynyddol cofio'r miloedd ar filoedd a gollodd eu bywydau mewn rhyfeloedd gwahanol. Fel un sydd yn arddel safbwyntiau heddychlon ac yn credu yn rhinwedd yr egwyddor ddi-drais mae digwyddiadau'r adeg yma o'r flwyddyn yn fy ngorfodi i ofyn cwestiynau digon poenus, gan osod ambell i sialens wahanol hefyd.

Pe bawn yn cael fy ngalw i ymladd mewn rhyfel dros hyrwyddo syniadau Imperialaidd Prydeinig, yna fel cenedlaetholwr o Gymro mae'n anodd credu y bydden i'n ymateb yn gadarnhaol i'r alwad honno. Fel un a anwyd yn y 50au, sef degawd wedi i'r Ail Ryfel Byd orffen, alla'i byth chwaith ddychmygu sut mae pobl a welodd y brwydro, ac a fu'n rhan o'r cyfan, yn Cofio. Eto, nid oes gan neb fonopoli ar Gofio. Nid pawb fydd yn Cofio drwy fartsio a gwisgo medalau.

Gall Cofio ar ei ben ei hun fod yn sentimental llwyr – peth sy'n medru niweidio a bod yn beryglus. Geiriau sydd yn cael eu defnyddio gan *Eiriadur Prifysgol Cymru* i gyfleu Cofio yw **ystyried**, **atgoffa** a **chrybwyll**.

Gawn ninnau felly wrth Gofio **ystyried** hyn: ers canol y 1940au mae bron i 150 o ryfeloedd wedi cael eu hymladd a ninnau yn aml yn lygad-dystion i'r brwydro hynny o'r gadair freichiau esmwyth o flaen y tân ar ein haelwydydd. Gawn ni ystyried ymhellach fod effaith y nwyon, y gwario a'r bomiau yn dal i effeithio ar bobl genedlaethau yn ddiweddarach.

Fel y dywed *Geiriadur y Brifysgol* mae'n gyfystyr ag **atgoffa**. Mae'n werth ein hatgoffa ein hunain am y miloedd diniwed a di-fai sy'n dioddef pan mae arweinwyr gwledydd yn mynd i ryfela. Yn ogystal dylid **atgoffa** ein hunain am y ffyrdd eraill sydd ar gael i ddatrys anghydfod, a'r niwed dychrynllyd a wneir wrth gredu mai dim ond un ffordd sydd i ddelio gydag anghytundebau, sef trwy daro.

Mae'r Geiriadur yn sôn hefyd am **grybwyll**. Oes mae angen **crybwyll** gyda brwdfrydedd yr angen i wario arian a wastreffir ar offer rhyfel i wella cleifion, addysgu oedolion a phlant, bwydo'r newynog a chartrefu'r digartref.

Rhaid osgoi troi'r broses o Gofio yn gyfrwng i hau hadau casineb a fydd yn cael eu medi gan y cenedlaethau a ddaw. Nid cyfrwng i ymffrostio ynddo na rhegi gelynion ddoe ddyle'n Cofio ni fod. Byddai hynny fel ailagor hen ddolur ar fys. Mae briw o'r math yma yn cymeryd llawer gormod o amser i wella.

10 Tachwedd 1995

Chware cwato

Ddoe bu'r ddwy ferch Heledd a Gwenllian draw am y prynhawn gyda'u tad-cu a'u mam-gu sydd yn byw tua 4 milltir o Lanbed. Pan ddes i adref o'r gwaith neithiwr mi roedd yr hynaf, Heledd, yn llawn brwdfrydedd ac am chwarae gêm newydd yr oedd hi wedi ei dysgu gan ei thad-cu, sef chwarae cwato. Fel mae pob plentyn arall tua'r 3 oed doedd hi ddim wedi dysgu na meistroli'r rheolau yn iawn. Iddi hi, ystyr mynd i guddio oedd rhoi ei dwylo hi ei hunan dros ei llygaid. Chi'n gweld, yn ei meddwl bach hi, roedd pethau fel hyn: gan nad oedd hi yn medru gweld neb yna doedd neb yn medru ei gweld hithau!

Ei ffordd hi o chwilio amdanaf oedd dweud wrtha i lle i fynd i guddio! Rywfodd roedd popeth wyneb i waered ac iddi hi roedd hynny'n dderbyniol iawn. Daw sbel o amser eto cyn y bydd yn dod i gyfarwyddo gyda rheolau'r gêm.

Onid yw hi heddiw yn beth mor gyffredin newid y rheolau os nad yw'r gêm yn mynd o'n plaid, yn mynd y ffordd y'n ni am iddi fynd? Os wnawn ni newid pethau i'n siwtio ni yna fe gawn fwy o hwyl o lawer. Yn aml fe gawn ni'r teimlad mai'r norm yw gwneud pethau o chwith ac mai peth anghyffredin iawn yw gwneud yr hyn sydd yn gywir ac yn iawn.

- Mae'n dderbyniol gadael i wledydd cyfoethog dyfu'n frasach a mwy goludog drwy ganiatáu iddynt fasnachu a gwerthu arfau hyd yn oed i wledydd sydd yn methu eu fforddio fel eu bod nhw'n barhaol mewn dyled.

- Mae'n dderbyniol gwneud hyn i wledydd sydd yn llwm fel eu bod nhw yn mynd yn fwy anghenus eto.
- Mae'n gymeradwy gweld y sector sydd yn gofalu am eraill drwy ddarparu tai, addysg a gwella doluriau yn ceisio ymdopi yn barhaol gyda phrinder cyllid; toriadau caeth yn rhwystr iddynt wneud ei gwaith yn effeithiol.
- Mae'n iawn i'r meistr blonegog besgi ar hawliau gwantan y gweithlu sydd yn creu'r cyfoeth.

Ond wedyn oni ddwedodd rhywun rywbryd am droi'r foch arall a cherdded yr ail filltir, a gwneud daioni yn lle drygioni? Mae'r rheolau yma yn anodd i'w deall ac yn anoddach i'w gweithredu.

Ymhen amser fe ddaw Heledd ynghyd â'i chwaer Gwenllian i ddeall sut mae chwarae gêm cwato. Pryd ddown ni i ddeall sut mae chwarae gêm bywyd?

15 Tachwedd 1996

Golwg newydd

O'n i yn y dre' 'ma fore dydd Sadwrn yn casglu sbectol newydd. Dangosodd prawf llygaid fod cyflwr y llygaid yn newid – rhywbeth sy'n ddisgwyliedig wrth i berson heneiddio. 'Henaint ni ddaw ei hunan,' meddai'r dywediad – odi, mae'n dod â phethau gydag e. Roedd angen newid y lensys. Er gwaetha'r straen ar y boced o dalu am y pâr newydd, eto, o'i wisgo y gobaith yw y bydd yn llai o straen ar y llygaid – cawn weld!

Bu'r pâr newydd yn gymorth i edrych ar y gêm ddydd Sadwrn. Gêm dipyn gwell na'r hyn a welais wythnos yn ôl drwy'r hen bâr. Wedyn doedd hynny'n ddim byd o gwbl i wneud â'r sbectol, nag oedd?

Nos Sadwrn gwelais wledd ar y teledu – nid yr 'X Factor' na chwaith 'Strictly' ond yr Ŵyl Gerdd Dant. Ym myd cerdd dant y'ch chi'n cofio'r halibalŵ flynyddoedd yn ôl? Tir newydd yn cael ei dorri gan Gôr Pantycelyn o dan arweinyddiaeth y diweddar anhygoel Gareth Mitford, un y ces y fraint o gydweithio gydag ef am gyfnod. Bu helynt wrth i bobl wrthwynebu ei osodiadau newydd.

Ar y cyfan y'n ni'n teimlo yn eithaf saff a diogel o gael ein harwain a'n cyfeirio o fewn rhigolau cyfyng gan ofni newidiadau. Mae'r anghyfarwydd yn achosi dychryn ac y'n ni'n cadw lled braich os nad ymhellach bant. Beth am wisgo pâr gwahanol o sbectol a mentro ambell waith i gael golwg wahanol ar bethau? Nid hen bâr cyfarwydd ond un newydd. Anturio i gynefin anadnabyddus.

Tybed drwy ba sbectol y gwnaethoch chi edrych ar ddigwyddiadau Sul y Cofio ddoe – sbectol y Pabi Coch, y Pabi Gwyn neu ddim Pabi o gwbl? Sbectol yr un a glodforai rhyfel a mawrygu symbolaeth yr Ymerodraeth neu yr un fu'n cofio'n dawel am ddioddefaint, gwewyr a phoen, y trallod a'r gofid o wastraffu adnoddau ac yn bwysicach fywydau?

Byddwn yn dyheu am newidiadau, am gael golwg newydd, ond yn ofni gwneud hynny. Mae'n golygu deall safbwyntiau eraill a pharchu agweddau eraill – rhywbeth sy'n fwy sylfaenol na'r weithred arwynebol o wisgo pâr arall gwahanol o sbectol. O'i wisgo, byddwn yn edrych yn wahanol!

15 Tachwedd 2010

Arwain

Y dydd o'r blaen wrth yrru i'r gwaith fe aeth hi yn ddigon trafferthus am fod darn o lwyth treiler wedi moelyd ar ochr y ffordd gan achosi trafferth i ni y gyrwyr oedd am fynd heibio. Aeth hi'n siang-di-fang gan fod yr hewl wedi'i blocio o bob cyfeiriad. Pawb yn styc yn y traffig. Dyma un person yn neidio mas o'i gerbyd gan ddechrau'n cyfarwyddo ni oedd yn sefyllian gan ddweud pryd a sut i fynd. Yn y diwedd dyma lwyddo i gario mlaen ar y daith yn weddol fodlon, diolch i weledigaeth a phenderfyniad un person a gymerodd gyfrifoldeb.

Wrth fynd mewn i Stadiwm y Mileniwm yng Nghaerdydd i gêm fawr, un o'r pethau sy'n fy nharo yw mor effeithiol yw'r stiwardiaid yno. Maent yno'n ein cyfeirio a'n tywys ni'r miloedd i'r lloriau a'r blociau cywir ac yn y diwedd wrth gwrs i'r union sedd sydd wedi ei neilltuo ar ein cyfer ar y tocyn. Dyma enghraifft eto o bobl yn cymeryd cyfrifoldeb i arwain a chynorthwyo. Piti na fuasai yr un arweiniad i'w weld yn y chwarae ar y cae!

Mor aml byddwn yn ofni cymeryd arweiniad. Problem fawr cynifer o gymdeithasau gwirfoddol y dyddiau yma yw ei bod yn anodd cael pobl i wirfoddoli, i gymeryd cyfrifoldeb ac i arwain. Mae arwain yn medru bod yn waith anodd ac unig o ran hynny. Mor hawdd yw pwyntio bysedd a beirniadu'r rheiny sydd yn cymeryd cyfrifoldebau.

Byddwn bob amser yn ddigon parod i ddilyn ond yn

amharod i arwain. 'Ewch **chi** gyntaf, fe wna i ddilyn,' neu dro arall 'Gwedwch **chi**, fe wna i gytuno'. Na, byth yn barod i arwain ond fel trŵp o ddefaid yn fwy na pharod i ddilyn.

Ro'n i yn hoff iawn o'r pwt bach a ddarllenais yn *Clonc*, sef Papur Bro misol ardal Llanbed a'r cyffiniau: stori'r pedwar brawd â'r enwau rhyfedd **Pobun, Rhywun, Unrhywun** a **Neb**.

Roedd gwaith pwysig i'w gyflawni ac yr oedd **Pobun** yn meddwl y buasai **Rhywun** yn ei wneud. Gallasai **Unrhywun** fod wedi gwneud y gwaith ond wnaeth **Neb** e. Aeth **Rhywun** yn flin am ei fod yn waith i **Pobun**. Meddyliodd **Pobun** y gallasai **Unrhywun** fod wedi ei wneud e, ond deallodd **Neb** na fedrai **Pobun** ei wneud. Diwedd y gân oedd fod **Pobun** yn beio **Rhywun** am fod **Neb** wedi gwneud y gwaith y gallasai **Unrhywun** fod wedi ei wneud.

19 Tachwedd 2002

Plant Mewn Angen

Drwy'r dydd heddiw cawn anogaeth i gyfrannu i Gronfa Plant Mewn Angen. Nid rhoi fyddwn ni er mwyn cael y boddhad creulon o ymfalchïo gymaint mae eraill yn dibynnu arnom. Wrth gwrs nage, does dim angen dweud hynny. Gall rhoi gyflawni sawl diben. Mae'n lliniaru ac yn helpu. Pwrpas rhoi yw ceisio lleddfu angen, nid lleddfu cydwybod y rhoddwr. Oni ddylai pob rhodd hefyd gynnig her i'r un sydd yn derbyn i geisio bod yn annibynnol? Fe all y weithred o roi newid y rhoddwyr hefyd wrth iddynt sylweddoli y gallant fyw yn iawn heb yr hyn a roddwyd ganddynt!

A ninnau wedi cael ein cyflyru i feddwl bod arian a materoliaeth yn ateb i bob problem, mae'n briodol heddiw ar ddiwrnod Plant Mewn Angen i ni gofio nad yw rhoddion yn ddigon i ateb holl anghenion ein plant. Yr wythnos yma nôl yn 1959 yng Nghymanfa'r Cenhedloedd Unedig cyhoeddwyd Datganiad Hawliau'r Plant. Yn y 10 pwynt penodol cafwyd datganiadau a fyddai, o'u gwireddu, yn fodd i liniaru anghenion pob un plentyn. Yn wir pe caent eu gwireddu ni fyddai angen cynnal ymgyrch flynyddol fel sy'n digwydd heddiw.

Sôn y mae'r Datganiad am gydraddoldeb; am ddatblygu hawl i enw a dinasyddiaeth; am bethau diriaethol fel bwyd, cartref a meddyginiaeth a'r anghenion haniaethol am gariad a dealltwriaeth; am weithredoedd fel datblygu'n feddyliol a chorfforol iach; am wasanaeth fel addysg a chwaraeon a thrwy'r cyfan am i blant gael eu hamddiffyn rhag creulondeb, esgeulustod ac erledigaeth: llawer o bethau amhrisiadwy na all arian mo'u rhoi nhw.

Mae'r plant a anwyd yn 1959 erbyn heddiw yn oedolion. Trueni nad yw cynnwys a syniadau'r Datganiad wedi tyfu. Ddeugain mlynedd yn ddiweddarach mae'n gwneud i mi deimlo'n annifyr ac yn anesmwyth fod plant heddiw eto yn dal mewn angen.

22 Tachwedd 1996

Pâr o slipers

Peth braf yw pâr o slipers! Wrth i'r nosweithiau dynnu atynt mae'n deimlad cartrefol eu gwisgo nhw o flaen y tân, ishte lawr i ddarllen neu, yn amlach na pheidio, gwylio'r teledu. Dyna wnes i nos Sadwrn diwethaf ac edrych ar wledd arall eto ar S4C, sef Eisteddfod Clybiau Ffermwyr Ifanc Cymru. Gartref fe ges i deimlad 'mod i'n rhan o'r hwyl, a hynny yn fy slipers.

Ond daliwch arno, gartref o'n ni, nid gyda nhw yno yn cefnogi, yn cyfrannu ac yn cynorthwyo. Beth pe bai pawb yr un peth â fi – yn gwneud dim ond sefyll adref yn ei slipers yn gwylio – fyddai fawr ddim siâp ar bethau, na fyddai?

Nid drwy wisgo slipers y dylanwadwyd ar Fadagascar nôl yn 1818. Fe deithiodd dau ŵr yno o Ddyffryn Aeron, a na, nid slipers a wisgodd Thomas Bevan a David Jones ond esgidiau gwaith, ac fe weithiodd y ddau yn galed.

Mae'n ymddangos nad drwy wisgo slipers y gwnawn achub ein cenedl, S4C, na dim byd arall chwaith. Nid slipers oedd am draed y nyrsys a welais ddoe yn gweithio'n brysur ar y wardiau yn ysbyty Glangwili.

Ryw dri deg milltir o Lanbed mae pentref Aberporth. Yno mae math arbennig o awyrennau yn cael ei profi, sef 'drones'. Does dim angen peilotiaid i'w hedfan. Mae nhw'n medru cario bomiau ac, o'u hedfan filoedd o filltiroedd i ffwrdd i lefydd fel Irac ac Afghanistan, eu gollwng. Canran fechan iawn o'r rhai sydd yn cael eu lladd sydd yn bobl sy'n cael eu hystyried yn derfysgwyr – mae'r ganran fwyaf yn bobl ddiniwed iawn. Ond, siŵr o fod, mae'n hawsach lladd rhywun filoedd o filltiroedd i ffwrdd – drwy wasgu botwm a gwisgo slipers.

Yn ei gyfres 'Straeon Tafarn' ar S4C dywedodd Dewi Pws, 'Mae gormod o bobl yn eistedd gartre' o flaen y compiwtar y dyddiau 'ma yn syrffio'r we neu'n siarad gyda ffrindiau ar facebook' – mi allai fod wedi ychwanegu 'yn gwisgo slipers'. Y paratoi at ryfel, mewn slipers, sy'n ysgogiad i ymuno y penwythnos nesaf yng ngwylnos Cymdeithas y Cymod yn Sir Benfro. Wrth wneud hynny bydd cyfle i ymweld â'r mannau oedd yn annwyl i Waldo gan ddilyn ei egwyddorion di-drais a'i ddaliadau heddychlon. Dyna'r ffordd y cerddodd hyd-ddi, ac nid mewn slipers chwaith y troediodd y llwybr hwnnw.

22 Tachwedd 2010

Bwyd

Mae tipyn o sôn yn ddiweddar am fwyd; wmbreth o raglenni poblogaidd ar baratoi, coginio a thyfu bwyd; beth sy'n iachusol a beth sy'n niweidiol; o ble y daw y bwyd. Anogaeth wedyn i archwilio'r gadwyn fwyd yn fanylach ac i fwyta'r hyn sy'n dymhorol.

Yn ychwanegol down yn fwy ymwybodol o'r gwastraff sydd wrth ei waredu. Gyda'r holl newyn ledled y byd a chynifer ar ein stepen drws yn ddibynnol ar fanciau bwyd, eto, er mawr gywilydd, y'n ni'n caniatáu i gymaint gael ei daflu'n syth i'r sbwriel, a hwnnw'n flasus ac yn faethlon, jyst am nad yw yn edrych yn iawn; y foronen yn rhy fach neu fawr, y banasen ddim digon syth a'r daten druan yn rhy salw i'w rhoi ar y silff.

Ond beth am fwydo'r enaid? Sut awn ni ati i wneud hynny?

Rwy'n hoffi'r stori yn nhraddodiad y Cherokee wrth i dad-cu ddysgu gwersi i'w ŵyr. Meddai, 'Y tu fewn i ti a fi, a phawb arall, mae yna frwydr yn cael ei hymladd. Mae'n gwmws fel dau flaidd yn ymladd â'i gilydd. Mae un yn ddieflig – yn llawn casineb, eiddigedd, trachwant a balchder, gan dy wneud yn drahaus a dig.

'Mae'r llall yn dda – llawenydd, heddwch, a sirioldeb, sy'n dy wneud yn gariadus a charedig a gostyngedig. Yn gymeriad hael sy'n cael ei adlewyrchu yn y brwdfrydedd sydd gen ti at fywyd.'

Wedi i'r ŵyr feddwl am ychydig dyma ofyn, 'Pa un sy'n debygol o ennill?'

A'r ateb: 'Yr un rwyt ti yn ei fwydo.'

Oes, mae gwahanol fathau o fwyd yn effeithio mewn gwahanol ffyrdd ar ein cyrff – ac felly y mae hi gyda materion mewnol yr ysbryd.

Ond yr allwedd, siŵr o fod, yw gyda beth y'n ni'n bwydo'r enaid?

Beth tybed sut ar eich bwydlen chi heddiw?

23 Tachwedd 2015

Byddwn yn chwilio

Byddwn yn ysu am gryfder a nerth – tybed ai dyna pam rydyn ni'n gorfod wynebu cyfyngderau, rhai yn anodd, i'n gwneud yn nerthol a chadarn?

Byddwn yn gofyn am ddoethineb – ai dyna pam y cawn broblemau i'w datrys; anawsterau i'w dehongli; rhwystrau i'w goresgyn a dryswch i'w egluro?

Byddwn yn gwerthfawrogi llwyddiant – ai dyna pam y wynebwn siom, tristwch a methiant – er mwyn i ni fedru gwerthfawrogi bod ar frig y don?

Byddwn yn dyheu am ffyniant a llewyrch – ai dyna pam ein bod weithiau'n wynebu colledion?

Byddwn yn dymuno bywyd esmwyth a rhwydd – ai dyna pam y cawn dasgau heriol a gorchwylion anodd – fel y gallwn dderbyn amseroedd da yn well pan ddônt?

Byddwn yn galw am fywyd cyfforddus, llyfn a gwastad – tybed ai dyna pam mae'r siwrnai ar brydiau yn medru bod yn flin, garw ac ansefydlog?

Byddwn yn edmygu dewrder – tybed ai dyna pam bod rhaid inni wynebu a goresgyn peryglon ar y daith?

Byddwn yn awchu am ffafrau a chymwynasau ac anrhegion – tybed ai dyna pam y daw cyfleoedd i'w cyflawni ac i'w rhoi?

Byddwn yn chwilio am oleuni – ai dyna pam fod cymaint o dywyllwch yn ein byd – fel bod y golau lleiaf yn ei loywi ac yn rhoi hyder i ninnau fod disgleirdeb pob cannwyll fechan yn cyfri?

Byddwn yn deisyfu cariad – ai dyna pam bod cymaint o bobl anghenus i'w helpu yn y byd, er mwyn i ni ei ledaenu'n helaeth?

Efallai nad ydym wedi derbyn pob dim ar restr yr hyn rydym ei eisiau, ond rydyn ni siŵr o fod wedi cael y rhan fwyaf o'r hyn sydd ei angen arnom.

(addasiad)
23 Tachwedd 2017

Tocyn trên

Dros y deuddydd diwethaf bues i bant yn Llundain. Echdoe mewn gorsaf trên tanddaearol daeth menyw ataf, rhoi arian yn fy llaw, a gofyn i mi brynu tocyn iddi. Roedd hi mewn ychydig o bicil am nad oedd yn gwybod sut i weithio'r peiriant oedd yn rhoi'r tocynnau allan. Wrth dderbyn ei diolchiadau a socian fy hunan yn ei gwerthfawrogiad dechreuais feddwl.

Nid yw bod yn hael i eraill gyda'ch amser, neu roi o'ch gallu, bob amser yn beth da i gyd – sylw anffodus, falle, heddiw o bob diwrnod pan y'n ni yn cael ein hannog i roi ac i roi i gronfa Plant Mewn Angen!

Pe bawn i echdoe wedi treulio munud neu ddwy yn ychwanegol yn ceisio egluro sut mae'r peiriannau yn gweithio, a bod ychydig yn fwy amyneddgar i'w dysgu sut i gael y tocyn ei hunan, nawr oni fyddai hynny wedi bod yn fwy proffidiol ac yn well gwasanaeth a chymorth?

Dros y penwythnos yma, sawl rhiant fydd yn syrthio i'r trap o wneud gwaith cartref eu plant drostynt – yn lle dangos i'r plant sut i'w wneud eu hunain? Pan oeddwn yn ifanc fe ges innau fel sawl bachgen arall fy sbwylio yn rhacs gan fam or garedig yn gwneud gormod drosof, yn lle 'mod innau yn dysgu fy hunan sut i wneud pethau.

Mi all fod yn beth digon israddol gorfod bod mewn angen diddiwedd. Ochr arall y geiniog yw ein bod ninnau, sydd yn rhoi, yn cael rhyw foddhad creulon o wybod gymaint y mae eraill yn dibynnu arnom, a'n bod o'r herwydd yn falch o'u cadw'n barhaol mewn stad o angen.

Nid er mwyn lleddfu cydwybod nac er mwyn teimlo'n well ynom ni ein hunain y dylem roi, ond er mwyn galluogi eraill i fod yn well ac i fedru cael cyfle i dyfu allan o'r sefyllfa o fod mewn angen.

Wrth gwrs, drwy i ni roi mi fyddant yn derbyn rhywbeth nad oedd ganddynt, fel tocyn trên y wraig honno echdoe yng ngorsaf reilffordd danddaearol Marble Arch. Ar y llaw arall, pe bawn wedi ei dysgu sut i gael ei thocyn ei hunan byddai wedi cael llawer o bethau ychwanegol – hunanhyder a hunan-barch. A'r tro nesaf y byddai hi yn teithio mewn trên tanddaearol byddai yn gyflawnach person gan ymddiried yn ei gallu ei hunan.

Gawn ninnau gadw hynny mewn cof heddiw wrth gyfrannu i gronfa Plant Mewn Angen.

24 Tachwedd 1995

Chwarae â thân

Rwyf yn ceisio bod yn ofalus i ddiogelu rhag tân. Nid rhywbeth i chwarae gydag e yw tân. Pan oeddwn yn blentyn bydde mam yn rhybuddio yn aml i beidio chwarae gyda *matches* rhag ofn gwlychu'r gwely!

Mae tân yn beth defnyddiol iawn i waredu pethau trwy eu llosgi. Yn wir mae'n was da, wrth grasu, twymo a gwresogi. Ond mae'n medru bod yn feistr creulon, wrth ddinistrio, niweidio a lladd.

Mae'r gair 'tân' wedi cael ei ddefnyddio mewn ymadroddion ac yn ffordd effeithiol i egluro pwyntiau penodol. Pan fyddwn yn sôn bod person 'wedi llosgi ei fysedd' mae gyda ni syniad go dda o beth sydd wedi digwydd. Weithiau gallwn ddweud bod pob un o'r chwaraewyr yn nhîm Rygbi Cymru 'ar dân' yn rhoi o'u gorau wrth chwarae dros eu gwlad. Pan y'n ni'n cyfeirio at rywun â thipyn o 'dân yn ei fol' neu rywun sy'n 'llosgi yn ei groen' mae gyda ni ddarlun go glir pa fath o berson yw'r un dan sylw. Ond i'r gwrthwyneb, mae 'tân siafins' o sefyllfa, neu berson wedi 'llosgi allan', yn rhoi darlun hollol wahanol.

Yn yr Hen Destament mae gyda ni stori am Moses ar ben Mynydd Horeb yn gweld perth yn llosgi a'r berth honno heb ei difa o gwbl. Dyma fe'n cael gweledigaeth. Edrychodd tu hwnt i'r hyn oedd yn digwydd o flaen ei lygaid, sef y berth yn llosgi, a chlywodd lais yn siarad. Newidiodd ei fywyd yn llwyr.

'Dwy ddim am gyfrannu at y ddadl a yw hi yn iawn i Ddiffoddwyr Tân streicio neu beidio, na chwaith drafod beth yw'r lefel cyflog priodol ar gyfer y gwaith maent yn ei wneud. Ond dylid ystyried beth yw gwerth gwasanaethau sydd yn achub bywydau. Os y daw hi yn fater o fynd ymhellach hyd yn oed na 'chwarae â thân', drwy ddolurio, difetha a dinistrio bywyd mewn rhyfel dreisgar, mae'n ymddangos nad oes yna brinder arian o gwbl i wneud hynny. Bryd hynny falle fe welir gwir werth Diffoddwyr Tân.

26 Tachwedd 2002

Y Ffair Aeaf

Heddiw bydda i ynghyd â llond bws o'r pentref 'co yn mynd i'r Ffair Aeaf sydd ymlaen heddiw ac yfory ar Faes y Sioe Amaethyddol yn Llanelwedd.

Bydd miloedd yno; y rhan fwyaf yn mwynhau, yn gweld ac yn sylwi, tra bydd eraill wrth gwrs yn cymeryd rhan ac yn cystadlu. Bydd nifer fechan yn mynd adref heno wedi ennill gwobrau ac yn teimlo yn reit bles o'u hunain. Bydd llawer mwy yn troi am adref nid yn gymaint wedi ennill gwobrau ond, gobeithio, wedi ennill rhywbeth ehangach, sef y profiad o gymysgu ac adnabod, ac eto wedi dysgu rhywbeth am fywyd gwledig a byd amaeth.

Ddydd Sadwrn mi roedd yna gystadlu mawr a brwdfrydedd i'w weld hefyd mewn adeilad ar Gampws Coleg Llanbed. Yma roedd Steddfod Sir Clybiau Ffermwyr Ifanc Ceredigion yn cael ei chynnal. Brwdfrydedd, awch, difrifoldeb a phendantrwydd, ond gyda llawer o fwynhad a hwyl. Er bod rhai yno eto wedi ennill ac ar eu ffordd ymlaen i Eisteddfod Cymru, roedd llawer mwy wedi methu, a llawer mwy nad oedd yn cystadlu o gwbl, dim ond yn mwynhau'r digwyddiad. Fe ofalwyd bod dealltwriaeth helaethach o beth yw perthyn nid yn gymaint i glwb penodol ond i fudiad sydd â chyfraniad mor sylweddol i fywyd ieuenctid yng nghefn gwlad, a hynny yn Gymraeg.

Yr hyn a welwyd nos Sadwrn, a'r hyn a welir heddiw,

yw pobl yn tynnu at ei gilydd gan sylweddoli gwir werth bywyd gwledig a byd amaethu. Mae mwy iddo na dim ond ennill bywoliaeth. Tra cynhelir digwyddiadau megis Ffair Aeaf neu Eisteddfod Sirol chwiliwn am y cyfleoedd sydd ynddynt i sylweddoli bod amaethu yn fwy o lawer na thrin tir, tyfu cynnyrch o'r tir a magu a bridio anifeiliaid ar y tir i'w gwerthu; ie wir, hyd yn oed yn dipyn mwy na phris y tir hynny o'i werthu ar y farchnad. Gwelwn fod amaethu yn gyfystyr â chadw cymuned yn fyw, magu perthynas a chreu dealltwriaeth, gan fod yn barod i dynnu'r gorau wrth i bobol gydweithio a chyd-dynnu.

Mae'n siŵr taw un o ragoriaethau bywyd yw pan lwyddwn i weld bod darnau bychain o'n bywydau ni yn gyfleoedd i greu darlun ehangach a rhagorach. Pan sylweddolwn hynny bydd bywyd yn werth ei fyw.

27 Tachwedd 2006

Pris petrol

Gwyddom i gyd am y profiad poenus, sydd erbyn hyn yn rhy gyffredin o lawer, o orfod sefyll yn stond mewn ciw o draffig a hynny am hydoedd heb fedru symud i unlle. Pan y'n ni ar frys mae'n dipyn mwy na 'chydig o niwsans. Dyma'r adeg mae'r tymheredd yn dueddol o godi, y gwaed yn dechrau berwi a'r nerfau'n frau. Dyma pryd y gall pethau fynd dros ben llestri.

Rwy'n cofio clywed gwleidydd o Gymro sbel nôl yn dweud mai'r adeg pan oedd yn eistedd tu ôl i olwyn yrru'r car, ran amlaf yn sownd mewn ciw, oedd yr adeg y byddai'n cael cyfle i gasglu ei feddyliau ynghyd a rhoi ei syniadau mewn trefn. Os yw pob gwleidydd yr un peth, dewch i gyd i Gastellnewydd tua 9 o'r gloch bob bore a hwyrach y bydd gwell trefn ar ein byd ni!

Efallai, wrth gael ein gorfodi i stopio'r car a sefyll yn yr unfan, mai dyna'r adeg y byddwn yn sylweddoli faint o niwed mae'n cerbydau ni yn ei achosi i'r amgylchedd.

Am beth amser echdoe mi roedd yr hewl yn Nyffryn Cletwr ar gau rhwng pentrefi Talgarreg a Phont-siân, a hynny wrth i gannoedd ar gannoedd o bobl gasglu'n dyrfa yn Eglwys Sant Ioan, ger Pont-siân, i dalu teyrnged ac i ddiolch am fywyd gwraig a mam ifanc, un o'r anwylaf a mwyaf gweithgar o ferched y fro, a laddwyd mewn damwain pan foelodd ei char yr wythnos diwethaf. Fel sydd yn digwydd ar adegau fel yma, gwelwyd blanced o dristwch yn lledu dros yr ardal gyfan. Hen flanced annymunol yw e' sy'n gwasgu i geisio mygu'r gymdogaeth gyfan. Ddoe mi roedd wynebau braw ac arswyd yn gwthio eu hunain allan o dan y flanced anghysurus. Heddiw wrth i'r trigolion ac yn fwy arbennig y teulu geisio hwpo'r flanced honno o'r neilltu efallai mai'r cwestiwn i'w ofyn yw nid sawl ceiniog ychwanegol yw pris litr o betrol ond beth yw gwir gost moduro, pa bris sydd rhaid ei dalu am fod yn berchen car a faint yw gwerth bywyd. Cymerwch ofal.

29 Tachwedd 1996

Celfyddyd

Wrth deithio o Lanbed i gyfeiriad Ceinewydd a'r môr, fe ddown i bentref Gorsgoch. Nos Iau ddiwethaf yn neuadd y pentref lansiwyd llyfr *Hunangofiant Hen Labrwr*. Yn dilyn marwolaeth ei wraig ym mis Medi 2013 penderfynodd Tommy Williams o Alltyblaca fynd ati i gofnodi'i hanes ar bapur. Ddydd Mercher bydd yn dathlu ei ben-blwydd yn 87 mlwydd oed.

Nid yn unig ysgrifennodd ei hanes ond gyda'r un dycnwch penderfynodd dalu o'i boced ei hunan i gyhoeddi'r stori.

O'i ddarllen cawn gofnod o gyfnod wedi ei ysgrifennu gan labrwr. Gadawodd yr ysgol yn bedair ar ddeg oed i wasanaethu ar ffermydd cyn cael ei gyflogi mewn gwahanol fannau yn y gymdogaeth a gorffen gweithio'n labro i'r cyngor. Cawn y dwys a'r difri. Daw sawl gwên ac ambell ddeigryn.

Mae'n cael ei ddweud fod yna nofel tu fewn i ni i gyd. 'Dwy ddim yn siŵr a yw *hynny*'n wir, ond yn sicr mae gan bob un ei stori, sef hanes siwrnai sydd yn werth ei chofnodi, ac yn bwysicach, yn werth i eraill ei darllen er mwyn elwa a dysgu.

Dwy gyfrinach sydd:

- gofalu gwneud pethau y byddwn yn falch ohonynt fel bod eraill am eu darllen;
- gofalu nad rhywun arall sy'n dal y beiro.

Pan ofynnwyd i'r cerflunydd enwog Michelangelo sut roedd e yn galler creu darnau o waith mor hyfryd, 'Mae'n syml,' meddai. 'Pan edrychaf ar ddarn o farmor 'dwy'n gweld y cerflun sydd y tu fewn. Y cyfan a wnaf yw gwaredu yr hyn sy' ddim yn perthyn iddo.'

Chwiliwn am y gelfyddyd sydd ynom, y man canolog, gan fynd ati i ddiddymu yr hyn na ddylai fod yno. Ie, symud pethau megis ofnau, euogrwydd, petruster ac amhendantrwydd gan ymdrechu wedyn i fyw gydag anrhydedd.

30 Tachwedd 2015

Torri'r gaeaf

Fore echdoe wrth deithio i'r Ffair Aeaf yn Llanelwedd ro'n i yn gwrando ar raglen Shân Cothi ar y radio. Un o'r eitemau cyntaf oedd cyfweliad â ffermwr defaid o ardal Capel Bangor o'r enw John. Soniodd fel yr oedd ef a'i wraig Elisabeth yn flynyddol yn edrych ymlaen gymaint at y Ffair gan ei bod yn 'torri'r gaeaf lan'.

Ro'n i yn hoffi'r ymadrodd 'torri'r gaeaf'. Mae'r gaeaf yn galler bod yn hir, anodd a thrafferthus gyda'i gawodydd llym o law ac eira. Wrth i'r tywyllwch a'r oerfel gydio yn neupen dydd daw'r rhew â'i beryglon, a bydd y gwynt a'r gwlybaniaeth, y stecs a'r pwdel yn arw eu heffaith. Na, yn wir, unwaith y daw arwyddion y gaeaf i'r tir gyda'r dail yn disgyn yna dyw hi ddim yn hir cyn y bydd yn galler gafael. Bryd hynny croesawir popeth sy'n torri ei grafangau.

Am hanner dydd heddiw bydd capel y Fadfa sydd ar gyrion Talgarreg yn orlawn. Daw cannoedd yno i ffarwelio gydag un o gymeriadau annwyl y gymdogaeth. Wythnos i ddoe bu farw Euros Jones, neu Euros Ffosdeulau fel y câi ei adnabod gan bawb, wedi cyfnod cymharol fyr o afiechyd creulon. Mae nifer o bobl wedi galw gyda'i briod Trudy i gydymdeimlo a chynnig pob math o help ymarferol. Amddifadwyd dau deulu estynedig o dad a thad-cu cariadus ac eraill o frawd ac wncwl hoffus. I'r teulu mae'n ddybryd o aeafol.

Wrth alw, yr hyn a wna trigolion yr ardal yw ceisio

torri'r gaeaf garw drwy liniaru'r gerwinder, lleihau'r llymder a chynnig esmwythâd. Yn y golled mae'r aelwyd wedi ei darnio. Wrth alw, ceisir gwneud y garw yn fwy gwastad drwy leddfu doluriau salwch ac angau. Eir ati i gynnig pob math o gymorth ymarferol, ysbrydol a meddyliol. Dyma 'dorri'r gaeaf'.

Onid un o ragoriaethau mawr bywyd yw bod yna gyfleoedd i wneud hynny? Manteisiwch ar y cyfleoedd hynny da chi.

30 Tachwedd 2017

George M. Ll. Davies

Wna'i ddim bod mor hy â gofyn i chi ddatgelu eich oedran. Tybed a ydych ar adegau yn teimlo eich bod wedi gweld eich amser gorau? Wrth siopa, un o'r gorchwylion pwysig wrth osod nwyddau yn y fasged yw nid yn unig edrych ar y pris ond hefyd sylwi ar y Dyddiad Gwerthu Olaf (i gyfieithu'n drwsgl y *Sell By Date*). Mae llawer i becyn bwyd a thùn gwahanol wedi cael ei daflu am fod y dyddiad wedi pasio. Moddion, tabledi ac eli wedi cael ffling am nad ydynt yn ddiogel i'w defnyddio gan fod yr amser wedi dirwyn i ben.

Gall hyn wrth gwrs fod yr un mor wir am syniadau, tybiaethau ac agweddau. Yr wythnos diwethaf defnyddiwyd geiriau cryf fel anhygoel, syfrdanol, aruthrol a rhyfeddol wrth weld gwleidyddion o'r ddwy ochr yng Ngogledd Iwerddon yn cymeryd camau enfawr a thu hwnt o ddewr i greu'r datblygiadau cyffrous yn y broses o adeiladu'n wleidyddol. Do, mae'n siŵr y bu rhaid iddynt daflu sawl pecyn i ffwrdd cyn cyrraedd y cam yma. Pecynnau oedd wedi dyddio. Y gyfrinach yw gwneud hynny cyn iddynt fynd yn stêl a chwythu eu plwc nes bod yn gyfan gwbl ddi-werth.

Ddoe yng Nghaerdydd cynhaliwyd digwyddiad i nodi bywyd gŵr arbennig, sef George M. Ll. Davies. Mae'n werth cofio un o'i frawddegau bachog sydd yn dweud cyfrolau: 'Y mae pob gweledydd bron yn cael ei gyfrif yn wirion gan ei gyfoedion nes i'r dywarchen guddio ei fedd. Wedyn ceir cofgolofnau a chanmoliaeth gwŷr y cerrig beddau wedi iddynt gael y sicrwydd fod y proffwyd wedi marw yn sownd.' Neu fel y dywedodd Sarnicol, 'Yn eu harch, parch; yn eu hoes, croes.'

Bu farw George M. Ll. Davies hanner can mlynedd yn ôl i'r mis yma. Roedd yn heddychwr cadarn a wynebodd erledigaeth a charchar oherwydd ei ddaliadau. Roedd hefyd yn ddigon hyblyg i newid ei yrfa sawl gwaith. Bu'n Aelod Seneddol, yn Weinidog, yn Gynghorydd ac yn weithiwr diwyd a diflino gyda'r Crynwyr. Y gyfrinach oedd iddo fod yn ystwyth a pharod i newid cyfeiriad tra ar yr un pryd yn cadw yn driw i'w weledigaeth o sefydlu heddwch a chymod ar ein daear. Roedd y weledigaeth honno yn cael ei chrisialu yn gliriach yn y newidiadau a wnaed ganddo.

Onid yn fan'na rhywle mae'r gyfrinach, ac onid y trueni yw ein bod ni yn methu am nad ydym yn barod i newid? Ym mis olaf yr ugeinfed ganrif onid yw'n gwneud synnwyr i ninnau gymeryd agwedd debyg – gwaredu hen becynnau cyn iddynt fynd yn ddi-werth?

7 Rhagfyr 1999

Chwarae gemau

Mewn oes sy'n llawn technoleg gyda phob math o gemau cyfrifiadurol ynghyd â dyfeisiadau eraill i chwarae arnynt, diddorol oedd darllen y dydd o'r blaen bod tueedd bellach i blant gymeryd diddordeb yn yr hen deganau a'r gemau yr oeddwn i yn arfer eu chwarae pan oeddwn yn blentyn flynyddoedd yn ôl.

Mae'n debyg ei bod hi erbyn hyn wedi mynd braidd yn undonog, diflas, anniddorol os nad hefyd annymunol i chware'r gemau unigol hynny megis Gameboy, Nintendo a'u tebyg.

Unwaith y flwyddyn fe fyddwn yn Neuadd y pentref 'co yn Nhalgarreg yn cynnal noson o gemau teuluol – fel ludo, draffts, gwyddbwyll, dominos – gemau i'w chwarae o gwmpas y bwrdd. Gemau cymdeithasol.

Yn eu plith mae un sy'n tarddu o gêm hynafol o'r India – 'nadroedd ac ysgolion', os yw hwnna'n gyfieithiad derbyniol o 'Snakes and Ladders'. Hanfod y gêm yw teithio ar hyd bwrdd 100 o sgwariau, deg sgwâr ymhob rhes, a dringo o res i res drwy daflu dis. Y cyntaf i gyrraedd y canfed sgwâr sydd yn ennill. Rhaid osgoi glanio ar y sgwariau lle mae ceg neidr, rhag llithro nôl i lawr. Gwell glanio wrth droed ysgol, i ddringo'n uwch i gyrraedd pen y daith ynghynt.

Sdim angen gormod o ddychymyg i droi'r gêm yn ddarlun o fywyd – daw'r troeon annisgwyl i'n hatal a'n dal yn ôl, ambell i anffawd yn ein gwthio ni i lawr, ambell i anhap yn rhwystr. Rhaid dysgu sut i'w gorchfygu a'u goresgyn drwy aildaflu'r dis.

Dro arall wedyn daw yna gyfleoedd, a rhaid manteisio arnynt i gamu ymlaen a hwyrach i gyrraedd ambell i fan annisgwyl, efallai ynghynt na phryd.

I mi, y man diddorol yn y gêm yw nid y nadroedd a'r ysgolion ond y rhes dop, y 10 rhif olaf. Sdim neidr yno i lithro lawr ac wrth reswm does dim ysgol yno am nad yw'n bosibl dringo i res yn uwch. Serch hynny os am ennill y gêm rhaid taflu yr union rif ar ei ben. Dyna'r ffordd i gyrraedd y diwedd. Mae angen cywirdeb ac uniondeb. Gall hynny ddigwydd yn gyflym neu mi all fod yn broses boenus o araf. Falle y bydd rhaid taflu'r dis sawl gwaith i gyrraedd. Yn y rhes olaf gall y daith fod yn unig. Wrth straffaglu i gael yr union rif cywir mae'n ddolurus gweld rhywun arall yn pasio heibio dim ond am fod lwc y dis o'u plaid.

Ac wedyn, does gan yr un ohonom yr un syniad sawl tafliad o'r dis sydd gyda ni yn weddill, yn nac oes?

7 Rhagfyr 2007

Dechrau yn yr ysgol

Mae'r pythefnos diwethaf wedi bod yn llawn cyffro yn tŷ ni. Ymhen mis pan ddaw gwyliau Nadolig yr ysgolion i ben bydd Heledd y ferch hynaf yn cychwyn ar ei thymor cyntaf yn yr ysgol gynradd leol. Er mwyn blasu rhywfaint o'r awyrgylch a'r profiad mae wedi cael cyfle i fynychu'r ysgol am ddeuddydd yr wythnos diwethaf a'r wythnos yma. Fel y gallwch ddychmygu mi roedd yna gryn drafod ymlaen llaw a pharatoi disgwylgar.

Un cyfnod yn gorffen wrth adael yr Ysgol Feithrin ac un cyfnod arall yn agor wrth gychwyn yr Ysgol Gynradd. Un drws yn cau ac un arall yn agor, ac felly bydd hi eto pan fydd ei chwaer Gwenllian yn gwneud yr un peth. Dyma gamau bychain eraill yn y broses o ymddatod ac arwain at elfen o annibyniaeth.

Mae Kahlil Gibran yn ein hatgoffa yn un o'i ysgrifau mai dod drwyddon ni a wna ein plant. Dywed taw nid ar ein cyfer ni yn benodol y maen nhw'n bodoli. Nid yw eu caru yn gyfystyr â rhoi ein meddyliau ni'n hunain iddynt; mae ganddynt eu meddyliau ei hunain. Sawl gwaith tybed y'n ni wedi edrych ar blentyn a dweud ei fod yn debyg i'w dad neu i'w fam? Dyma sylw crafog Kahlil Gibran: 'efallai y gallwn ni fod yn debyg iddyn nhw ond allwn ni ddim gwneud iddyn nhw fod yn debyg i ni'.

Dros y dyddiau diwethaf fe wnes i ail-fyw'r cyfnod, dros ddeugain mlynedd yn ôl, pan wnes innau hefyd gychwyn ysgol am y tro cyntaf, a hynny nepell o Lanbed yma. Ond mae cymaint o bethau'n wahanol heddiw, felly ofer cymharu, ac mae llawer o'r cynghorion oedd gennyf wedi dyddio ers tro byd. Mae fel adeiladu castell tywod. Daw'r llanw fewn ac fe fydd yn cael ei ddymchwel ond mae'r teid hwnnw hefyd yn dod â haenen o dywod newydd i'r glannau. Dyna'r her. Yn aml fe allwn ddychmygu fod y dŵr yn chwerthin mewn gorfoledd am ei fod yn cynnig cyfle newydd – fel plentyn yn cychwyn gyrfa ysgol newydd.

Gallwn ymhyfrydu mewn cadw at un ffordd arbennig tra bod eraill yr un mor frwd dros ddilyn ffordd newydd. Un yn llunio rheolau gydag afiaith tra bod arall yn eu newid gyda blas.

Peidiwch ag arllwys gwin newydd i hen gostrelau neu wnïo patsin newydd ar hen ddilledyn, meddai'r Iesu. Mae edrych ar bethau drwy bersbectif o'r fath yn ei gwneud yn hawsach i ni ddeall pan fydd ein plant yn mynnu torri cwysi newydd gan fynd ar hyd llwybrau sydd yn wahanol i'n dyheadau ni.

10 Rhagfyr 1997

Ffair Nadolig

Rhan o bleser y Nadolig yw edrych ymlaen i gael pethau newydd, gan fod rhoi a derbyn anrhegion newydd yn cyfrannu at yr hwyl.

Nos Sul nesaf yn ein capel fe fydd Gwasanaeth Nadolig y plant. Bob blwyddyn bydd yr hen, hen stori yn cael ei chyflwyno o'r newydd gan blant yr Ysgol Sul ar ffurf drama. Yn gwmws fel yn nyddiau ein plentyndod bydd yna addasu a defnydd o hen dywelion a phyjamas yn wisgoedd i'r bugeiliaid a'r doethion. Mae Gwyn Thomas wedi dal y darlun yn effeithiol yn ei gerdd 'Drama'r Nadolig' wrth sôn am oedolion yn dilladu'r actorion drwy 'bwytho'r Nadolig i hen grysau, hen gynfasau, hen lenni'.

Bydd yr un peth i'w weld heno hefyd yn Neuadd y Pentref yn Nhalgarreg 'co yn ystod Ffair Nadolig yr Ysgol leol. Prin 30 o blant sydd yno ond mae'r ysgol yn dal ar agor. Unwaith eto bydd hen wisgoedd yn cael eu haddasu i'n hatgoffa o'r newydd am stori'r Geni. Wedi'r perfformiad o'r ddrama bydd cyfle i brynu gwahanol nwyddau a'r elw i gyd yn mynd at Gronfa'r Ysgol.

Eleni hefyd cynhelir ocsiwn o luniau gwaith disgyblion a chyn-ddisgyblion i chwyddo'r coffrau ariannol. Fisoedd yn ôl, wrth gasglu ynghyd y lluniau a wnaed gan y plant dros rai blynyddoedd, cafodd y staff syniad, sef yn hytrach na'u taflu, eu fframio a'u gwerthu heno.

Mae'n beth hawdd bellach taflu pethau i ffwrdd. Yn lle

trafferthu eu trwsio mae'n rhatach o lawer o ran arian, ac yn rhwyddach o ran amser, eu taflu bant. Cawn ein hatgoffa fwyfwy o'r dyletswydd sydd arnom i fod yn ddarbodus ac yn barhaol barod i ailddefnyddio pethau drwy fod yn gynnil ac ymarfer y grefft o beidio gwastraffu.

Wedi'r cyfan, mae'r hyn oedd yn ffasiynol ddoe, er efallai yn anffasiynol heddiw, eto'n medru dod nôl i ffasiwn yfory.

Os oes yna wirionedd fan'na am bethau materol megis teclynnau, offer a dillad, onid yw e'n siŵr o fod yn wir hefyd am ein syniadau, ein barn, ein hagweddau a'n meddwl? Bydd rhaid camu ymlaen i'r yfory – ie, ar bob cyfrif rhaid gwneud hynny. Ond siwrne ofer fydd hi os na wyddwn o ble y daethom. Onid syniadau ddoe sydd wedi ein gwneud ni yr hyn ydym heddiw, ac ymhellach, onid syniadau heddiw sy'n creu yfory?

14 Rhagfyr 2007

Wrth eu ffrwythau cyfoes

Ymhell cyn clywed am Robin Hood, oedd yn dwyn wrth y cyfoethogion i helpu'r tlodion, mi roeddwn eisioes, diolch i T. Llew Jones a'i nofelau cyffrous, wedi clywed am Twm Siôn Cati. Roedd y nofelau hynny wedi magu chwilfrydedd wrth ddarllen am ei gampau yn creu ychydig o hafog yn yr ardal yma rhwng Tregaron a Llanbed. Mi roedd yna antur ond roedd yna hefyd elfen anrhydeddus wrth gymeryd oddi ar y cyfoethog oedd yn byw ar ddigonedd a hynny er mwyn cynorthwyo'r tlodion oedd yn anghenus.

Y penwythnos diwethaf yn ein tŷ ni fe osodwyd y goeden Nadolig yn ei lle, ac wrth gwrs mi roedd rhaid ei haddurno hefyd. Ers hynny mae'r ddwy ferch wrth eu boddau yn byseddu'r anrhegion sydd o dan y goeden er mwyn ceisio dyfalu'r cynnwys. Fel'na yn gwmws yr oeddwn ninnau yn ei wneud pan oeddwn yn blentyn. Rhaid oedd aros tan ddydd Nadolig wedyn i weld a oedd y dyfalu yn gywir neu beidio.

Ar Fai y cyntaf eleni cefais innau fel sawl un arall fy nghyffroi wrth sylweddoli arwyddocâd y newid gwleidyddol sydd i ddod i Gymru. Meddylfryd gwahanol yn cael ei gynnig a fydd yn arwain at agweddau gwahanol. Y gobaith wrth gwrs yw y daw hyn â gobaith i'r difreintiedig a chyfle i dlodion. Gyda'r Blaid Lafur wedi cael cymaint o fwyafrif pwy all eu rhwystro rhag cyflawni pethau uchelgeisiol.

Ond wedyn, yn gwmws fel byseddu'r anrhegion o dan y goeden, nid yw'r dyfalu bob amser yn gywir. Pan agorwn y parsel mae'r siom yn amlwg oherwydd ein bod wedi codi gobeithion i ddisgwyl rhywbeth gwell. Onid yw digwyddiadau'r wythnosau diwethaf yn dechrau chwalu cyffro Mai y cyntaf? Pan fydd rhywun yn rhoi cildwrn yn yr ardal yma mae'n arferiad bach eithaf pert i'w alw yn 'arian baco', sef rhodd fechan i rywun i fedru prynu pecyn o sigaréts. Dyna'i ystyr. Ond lle mae hysbysebu ar geir rasio yn y cwestiwn mae arian baco yn werth miliwn o bunnoedd erbyn hyn.

Mae dau filiwnydd o Aelodau Seneddol, un yn Dâl-feistr Cyffredinol yn chwarae cwato a'i gyfoeth aruthrol, a'r llall fel y'n ni wedi clywed y bore 'ma â'i gyfoeth yn arwain i drafferthion. Wedyn ar y llaw arall y'n ni'n clywed am ddiffyg cefnogaeth ariannol y Llywodraeth i gymunedau gwledig a'r awydd diddiwedd i dorri ar fudd-daliadau rhieni sengl, a'r effaith ddidostur y byddai hynny yn ei gael nid yn unig ar y rhiant ond hefyd ar y plentyn.

'Wrth eu ffrwythau yr adnabyddwch hwynt,' meddai'r Iesu. Onid yw hi'n werth ailddarllen nofelau T Llew Jones? Ac yn wir, rwy'n edrych ymlaen i fynd i ardal Robin Hood. O leiaf fe wnaeth rywbeth, fe aeth ati i newid a gwella bywydau'r llai abl.

17 Rhagfyr 1997

Drama'r Geni

Fe berfformiwyd drama Stori'r Geni yn ein capel ni ar y dydd Sul olaf cyn y Nadolig. Er bod y stori'n hen, eto llwyddwyd i gyfleu newydd-deb gan yr ieuenctid a'r plant, gyda rhai ohonynt yn ei pherfformio am y tro cyntaf erioed. Gwelwyd yn eu hwynebau y syndod a'r rhyfeddod.

Fel oedolion y'n ni wedi llwyddo i bacio'r Nadolig gyda phob math o drimings sydd yn aml yn ei gwneud yn anodd os nad yn amhosibl gweld symlrwydd y digwyddiad. Mae rhai'n creu athrawiaethau ac yn holi cwestiynau cymhleth tu hwnt i weld a ellir darganfod ystyron diwinyddol astrus i'r cyfan i gyd.

Yn syml, yr hyn gawson ni ddydd Sul diwethaf oedd gwahoddiad. Yfory yn tŷ ni bydd yna barti pen-blwydd gan fod Heledd y ferch hynaf yn chwech oed. Eisoes mae'r gwahoddiadau wedi eu danfon ac wrth i'w ffrindiau a'i pherthnasau ddychwelyd yr atebion yn cadarnhau y byddant yno mae naws o gynnwrf i'w deimlo yn yr edrych ymlaen.

O, rwy'n gwybod y bydd y dyddiau nesaf o hyn i ddydd y Nadolig yn medru bod yn ddigon strysol, ac ar adegau yn llawn straen a thensiwn. Eto os llwyddwn i gadw mewn cof taw gwahoddiad sydd gennym yn ystod yr wythnos o baratoadau i edrych eto ar ffynhonnell hapusrwydd, gobaith ac ewyllys da, bydd hynny mae'n siŵr yn dipyn o help.

Dychmygwch beth fyddai'n ddigwydd pe baem yn ateb y gwahoddiad drwy ymrwymo i weithgarwch cyson, a gwneud hynny yn naws ac ysbryd y baban a dyfodd i geisio gwella ansawdd bywyd a hyd yn oed newid y byd.

21 Rhagfyr 1999

Y dydd byrraf

O ran taldra un digon bach ydw i wedi bod erioed. Wrth sefyll ar bwys rhai sy'n dalach mae maint corfforol byr yn galler creu'r teimlad o fod yn ddiffygiol ac yn annigonol. Wedyn byddai mam wastad yn arfer dweud nad oedd angen bod yn rhy dal: 'Cofia, ar lawr mae gwaith bob amser,' medde hi. Felly mae iddo'i fanteision yn ogystal â'i anfanteision.

Heddiw yw diwrnod byrra'r flwyddyn – yr unfed ar hugain o Ragfyr. Yr hyn a elwir yn heuldro neu fyrddydd gaeaf. Dyma ni wedi cyrraedd canol gaeaf. Eto ar y foment yma pryd y teimlwn taw'r tywyllwch sy'n gorchfygu, o yfory ymlaen, bydd y dydd yn dechrau ymestyn – fesul cam ceiliog, yn ôl yr hen ddywediad.

Pan sylweddolodd y bobl gyntefig gynt fod yr haul ar ei fan pellaf i ffwrdd bydden nhw'n cynnau tân i'w hudo a'i ddenu yn ôl.

Drwy gydol hanes o ddyddiau'r Ymerodraeth Rufeinig ar hyd y canrifoedd, ac yn wir ar draws y cyfandiroedd, mae gwyliau wedi eu cynnal i nodi'r diwrnod. Wrth iddi ymddangos fod tywyllwch yn fuddugoliaethus gyda'r nos a'r gwyll yn ei fan hiraf, mae dynoliaeth wedi cofnodi'r diwrnod ac wedi dathlu y bydd goleuni yn gorchfygu yn y diwedd. Mae hyd yn oed prif grefyddau'r byd wedi dathlu'r adeg yma drwy gynnwys goleuni yn rhan o'u gwyliau.

Eleni eto mae angen hyn. Wrth ystyried y nifer o

drychinebau ar draws ein byd, mae'n dal yn fyd tywyll. Teimlwn yn rhwystredig gan ein bod yn brin o adnoddau i wella pethau. Gyda chyn lleied yn ein meddiant i greu newid mae angen y teimlad a ddaw ag adnewyddiad. Rhaid chwilio am ffyrdd i ganolbwyntio ar y gallu i ledaenu a thywynnu gwres a thrwy hynny i ddyrchafu'n ysbrydol.

Mewn oes sy'n ferw o derfysg a chythrwfl credwn yn y gobaith y gweithredir ewyllys da gan yr holl blant a enir i'n byd ac y parhânt i wneud hynny wedi iddynt ddfu'n oedolion, boed fawr neu fach. Tipyn o goeliad efallai! Does bosib fod hyn yn ormod i'w ddisgwyl, a'r ymdrech yn stori rhy fawr i'w llyncu, meddech chi. Mae hyn efallai yn rhy debyg i'r bobl gyntefig yn cynnau tân gynt i ailfywiogi'r haul.

Ond wedyn, onid yw'r fflamau a ddaw o'r goelcerth fwyaf tanbaid, a phŵer y ffwrnais fwyaf eirias, bob amser yn gorfod cychwyn gyda'r gwreichionyn lleiaf neu'r fatsien fach? Wastad mae yna ryw werth i ni'r rhai bach yn y byd 'ma, onid oes e?

21 Rhagfyr 2007

Cipolwg yn ôl

Ymysg yr eitemau sydd yn tynnu fy niddordeb i ar y rhaglen foreol ar y radio mae'r pecyn chwaraeon. Yn benodol, mae gennyf ddiddordeb mewn rygbi, pêl-droed ac athletau. O'r gwahanol gampau ym maes athletau, yr un sydd yn rhoi mwyaf o foddhad i mi yw'r ras dros y clwydi. Bu gorchestion a llwyddiant Colin Jackson yn destun edmygedd a llawenydd.

Yn syth wedi ergyd y dryll i gychwyn y ras mae'r sylw'n cael ei hoelio ar y rhedwyr sydd yn neidio dros y clwydi, a'r anadl yn cael ei dal wrth gyrraedd y hyrdlen olaf gan obeithio nad honno yw'r un sydd yn mynd i faglu'r gwibiwr reit ar ddiwedd y ras.

Heddiw yw clwyd olaf ein rhuthr ninnau wrth wneud y paratoadau olaf gogyfer â threfniadau cyfnod hwrli-bwrli'r Nadolig. Taniwyd yr ergyd fisoedd yn ôl a thros yr wythnosau rydym wedi bod yn gwibio o gwmpas y lle gan neidio dros bob math o rwystrau gwahanol, boed yn brinder amser, diffyg amynedd neu ychydig o ras a thangnefedd, yn ogystal â'r angen am arian yn ychwanegol ar ben y galwadau arferol i geisio gwneud cant a mil o bethau gwahanol.

Yng nghanol y cyfnod yma mae yna gyfle wedi bod i ail-fyw Stori'r Geni, a hynny mewn lluniau, cerddoriaeth, cerddi a dramâu. Mae'r stori ei hun yn creu darluniau cryf a nerthol. Dyna'r angylion a'u negeseuon, y bugeiliaid a'u gwrogaeth, y doethion a'u hanrhegion, a'r preseb a'i obaith. Dyma ddelweddau sydd gyda ni ers dyddiau ein plentyndod ac sy'n rhoi nerth inni 'redeg yr yrfa'.

Yn y stori ryfeddol yma sydd yn mynnu ein sylw, mae un frawddeg greulon o wrthgyferbyniol, sef honno a lefarwyd wrth Joseff a Mair pan ddwedwyd wrthynt nad oedd yna le yn y llety. Fel gyda'r ras dros y clwydi, dyna oedd y rhwystr. Yn anffodus eto eleni yn y ras i baratoi, mae yna gymaint sydd wedi baglu a disgyn wrth geisio neidio dros glwydi rhuthr y paratoi. Mae miloedd yn ddigartref gan ddibynnu ar barodrwydd mudiadau gwirfoddol fel Shelter i'w helpu. Dyna'r fam ifanc honno yn Plymouth yn ymollwng i anobaith ac yn cefnu ar ei baban newydd anedig a'i adael ar risiau Neuadd y Dref, a hynny am nad oedd yna le iddi yn y llety.

Yfory bydd digwyddiadau'r diwrnod drosodd mewn chwinciad – fel gwylio ras dros y clwydi. Cyn cyrraedd y llinell derfyn honno i glwydo nos yfory rhaid wynebu'r glwyd olaf: y paratoadau funud olaf sydd gyda ni i'w gwneud heddiw. Daw hynny yn rhwyddach os bydd yna le i bencampwr y ras i'n cynorthwyo, oherwydd yn y fan honno y mae'r un sydd yn fuddugoliaethus.

24 Rhagfyr 1997

Ar ddiwedd blwyddyn

Mae'n rhyfedd fel mae pethau yn medru newid sut gymaint mewn munud neu ddwy. Glatsh! Mae'n galler digwydd fel'na. Yr adeg yma rhwng Nadolig a Chalan daw cyfle i ystyried beth yw gwerth amser. Eleni mae arwyddocâd arbennig, gan ein bod ar ddiwedd canrif ac mae milflwyddiant newydd o'n blaen. Fe allwn gael llawer o hwyl yn dyfalu ac athronyddu ynghylch beth yw amser. Llinyn diderfyn medd rhai, rhod yn troi medd eraill. Efallai mai rhyw ddehongliad arall sy'n gwneud synnwyr i chi. Ond os yw'n anodd diffinio amser, mae yr un mor anodd ceisio diffinio beth yw gwerth amser.

Os am wybod beth yw gwerth blwyddyn, gofynner i fyfyriwr a fethodd arholiadau ond sydd yn gorfod aileistedd yr union arholiadau hynny, neu i glaf sydd ar restr aros yn disgwyl am lawdriniaeth. Os am wybod gwerth mis, gofynner i wraig a roddodd enedigaeth i'w baban cyn pryd. Byddai golygydd papur wythnosol yn medru dweud beth yw gwerth wythnos, gallai rhywun sydd newydd golli trên ddweud beth yw gwerth munud, a does ond angen gofyn i un a oroesodd ddamwain beth yw gwerth eiliad. Onid pencampwr Olympaidd wrth dderbyn medal aur, efallai gan dorri record y byd yr un pryd, yw'r un gorau i ddweud beth yw gwerth milfed o eiliad?

Mae gwerth amser yn dibynnu'n llwyr ar ein sefyllfa a'n hanghenion. Y'n ni'n bobl soffistigedig iawn, yn medru mesur amser mor fanwl, ond mae'n werth cofio bod amser mewn ambell i wareiddiad a thraddodiad yn dal i gael ei fesur yn nhermau codiad a machlud haul. Nid nwydd i'w fasnachu na'i wastraffu na'i gadw yn ddiogel fel arian yn y boced yw amser. Wrth ei fesur mae amser yn crebachu.

Pryder llawer ohonom o hyn i nos Wener nesaf yw a fydd chwilen y Mileniwm yn peri anawsterau i'r cyfrifiadur, y fideo, y ffwrn meicrodon a'r llu o declynnau eraill sydd gennym. Efallai bod gyda ni lawer i'w ddysgu oddi wrth y rheiny sydd yn dal i fesur amser yn nhermau beth y gellir ei gyflawni rhwng toriad gwawr a'r gwyll. Onid oes llawer i'w ddweud dros fod yn jocôs â'r mañana diderfyn hwnnw? Bellach mae tymor y rhuthro a'r paratoi ar gyfer y Nadolig drosodd ond mae neges y Nadolig wedi parhau ers 2,000 o flynyddoedd. Gan bwyll bach efallai y gallwn gyrraedd at y nod o sefydlogi'r neges yn y byd a'i gwireddu yng nghalonnau pobl.

28 Rhagfyr 1999

Prawf gyrru car

Bron i ddeng mlynedd ar hugain yn ôl fe ddes i yma i Lanbed yn llawn cynnwrf a chyffro i sefyll prawf gyrru'r car – a hynny ddim ond tair wythnos wedi i mi gael fy mhen-blwydd yn ddwy ar bymtheg oed. Roeddwn yn llawn hyder ac wedi hala bant am gael eistedd y prawf ar ddiwrnod fy mhen-blwydd. Wrth fyw ar glos fferm a hewl go hir yn arwain o'r briffordd mi roeddwn wedi cael digonedd o gyfle i ymarfer gyrru a hynny am flynyddoedd cyn cael y drwydded oedd yn rhoi'r hawl i mi fynd ar y ffordd fawr. Pasio – dim problem o gwbl!

Ro'n ni yn fachan mawr iawn, llawn hyder. Roedd cymaint o bethau i edrych ymlaen atynt. Cyn hir byddwn yn efelychu arwyr y cylch rasio ceir Fformiwla Un – pobl fel Stirling Moss a Graham Hill. Roedd y pen yn llawn breuddwydion, fry yn y cymylau. Whap! Daeth y traed nôl lawr i'r ddaear; do, yn weddol bach o gloi, a hynny am fy mod wedi methu'r prawf. Un o'r rhesymau am hynny oedd am nad oeddwn wedi defnyddio digon o'r drych bach ar y sgrin wynt i edrych i weld beth oedd yn digwydd y tu cefn i mi.

Yn fy awydd i fynd ymlaen, ychydig a feddyliais am bwysigrwydd taflu cipolwg tuag at yn ôl o bryd i'w gilydd. Byddai pipo nawr ac yn y man wedi bod yn hen ddigon. Cipolwg, dyna i gyd, nid syllu'n barhaol – fyddai hynny ddim yn gwneud y tro o gwbl. Fyddai hynny ddim wedi arwain i unlle heblaw falle i'r clawdd!

Mae'n medru bod yn ddarlun trist gweld rhywun sydd yn mynnu byw drwy'r amser yn y gorffennol. Eto, yr ochor arall i'r geiniog honno yw gweld rhai yn brasgamu ymlaen gymaint mewn dyhead fel eu bod yn anghofio'r lle maent wedi tarddu ohono. Mae hynny hefyd yn ddarlun hynod drist. Pobl yn anghofio eu gwreiddiau, eu cefndir a'u traddodiadau. Gall anwybyddu'r gorffennol arwain at broblemau seicolegol cymhleth.

'Hen galon sydd yn methu edrych ymlaen,' meddai un hen ddywediad. Mae'r ifanc i fod i edrych ymlaen ac eto nid oedran sydd yn cyfrif ond agwedd meddwl. Mae'n drueni gweld cymaint o wynebau blinedig a hen ymysg ieuenctid heddiw, a hynny am nad oes ganddynt unrhyw beth i edrych ymlaen ato – dim byd i obeithio ynddo.

Y'n ni eisoes wedi cael llu o atgofion am ddigwyddiadau'r flwyddyn gydag ambell i drip pellach yn ôl yn llawn *nostalgia*. Fedrwn ni byth fyw yn y gorffennol hwnnw er cymaint yw gogoniant ddoe. Gall yr atgofion fod yn negyddol gan ein diflasu'n llwyr neu ein cywilyddio gan wneud inni deimlo'n euog a falle difaru oherwydd ein ffaeleddau. Onid y gyfrinach yw ceisio eu troi'n gadarnhaol drwy addunedau penderfynol i wella pethau? Onid dyna yw ystyr edifeirwch?

Heddiw, fel gyda'r drych hwnnw ar ffenest flaen y car, defnyddiwn yr atgofion i gael cipolwg yn unig yn ôl cyn camu ymlaen yfory ar daith blwyddyn newydd.

31 Rhagfyr 1997